KB261526

정치적 평등에 관하여

정치적 평등에 관하여

1판1쇄 | 2010년 8월 27일
1판5쇄 | 2020년 10월 16일

지은이 | 로버트 달
옮긴이 | 김순영

펴낸이 | 정민용
편집장 | 안중철
편　집 | 강소영, 윤상훈, 이진실, 최미정

펴낸 곳 | 후마니타스(주)
등록 | 2002년 2월 19일 제2002-000481호
주소 | 서울 마포구 신촌로14안길 17 (2층)
전화 | 편집_02.739.9929/9930　영업_02.722.9960　팩스_0505.333.9960

SNS | humanitasbook
블로그 | humabook.blog.me
이메일 | humanitasbooks@gmail.com

인쇄 | 천일 031-955-8083　제본 | 일진제책 031-908-1407

값 10,000원

ISBN 978-89-6437-120-6 93300

이 도서의 국립중앙도서관 출판시도서목록(CIP)은 e-CIP 홈페이지(http://www.nl.go.kr/ecip)에서
이용하실 수 있습니다(CIP제어번호: CIP2010002949).

정치적 평등에 관하여

로버트 달 지음 김순영 옮김

On Political Equality

후마니타스

차례

왜 다시 정치적 평등인가

이 짧은 책에서 나는 '정치적 평등'이라는 주제로 다시 돌아가려고 한다. 이 주제는 내가 오랫동안 관심을 가져왔을 뿐만 아니라 이전의 책에서도 여러 번 논의한 바 있다. 따라서 앞으로 살펴볼 이야기의 기초를 다지기 위해, 2장에서 나는 이전의 내 책들로부터 필요한 내용을 자유롭게 가져다 쓸 것이다. 그 내용을 잘 알고 있는 독자라면, 2장을 빠르게 훑어보거나 그냥 건너뛰어 다음 장으로 넘어가도 좋다.

내가 다른 책에서도 강조했듯이, 정치적 평등은 민주주의의 기본 전제다. 그러나 내가 보기에 정치적 평등이 어떤 의미인지, 정치적 평등과 민주주의의 관계는 어떤 것인지, 나아가 한 시민이 공적 결정에 영향을 미치기 위해 사용할 수 있도록 자원을 분배하는 문제와 정치적 평등은 또 어떤 관계인지는 여전히 잘 이해되고 있지 못하다. 게다가 인간 본성과 인간 사회에는 어떤 기본적인 한계가 있고, 그 때문에 민주주의 국가에 살고 있는 시민들 사이에서조차 정치적 평등이 충분히 실현되지 못하고 있다. 사실 대부분의 이상들과 마찬가지로, 민주주의가 이상적으로 완전히 실현되는 것은 매우 어려운 일이다. 하지만 그럼에도 불구하고 18세기 후반 이래로 인류의 역사에서 가장 중대한 변화 가운데 하나는, 민주주의와 정치적 평등이 전 세계적으로 크게 진전되었다는 사실이다.

이 놀라운 변화를 우리는 어떻게 이해해야 할까? 이 책에서 나는 그런 변화를 이해하기 위해서는 정치적 평등을 지지하고, 이를 진작시키는 방향으로 인간의 행동을 추동하는 인간의 어떤 근본적인 특성을 탐구해야만 한다고 주장할 것이다.

그러나 이제 인간이 갖고 있는 그런 기본적인 추동력은 지난 세기들과는 점점 더 달라져 가고 있는 세계 속에서 작동하게 되었다. 21세기의 세계는 정치적 평등의 진작에 얼마나 호의적일 수 있을까?

미국에 한정해 보더라도 어떻게 될지는 분명치 않다. 마지막 장에서 나는 두 가지의 전혀 다른 시나리오를 살펴보려 한다. 하나는 비관적인 반면, 다른 하나는 희망적이다. 내 생각에는 두 시나리오 가운데 어떤 쪽이든 현실이 될 가능성이 매우 크다. 첫 번째 시나리오는 국제적으로나 국내적으로 강력한 힘들이 정치적 불평등을 거의 되돌릴 수 없는 수준으로 밀어붙여서, 결과적으로 기존의 민주주의 제도들이 심각하게 손상되고 더는 민주주의의 이상과 정치적 평등이 실제적인 의미를 가질 수 없게 될 가능성이다. 좀 더 희망적인 다른 시나리오는 매우 근본적이고 강력한 인간적 충동 — 예컨대 복지나 행복을 향한 욕구 — 이 문화적 전환을 촉진하게 될 가능성이다. 즉, 경쟁적 소비주의competitive consumerism라는 지배적 문화가 더 큰 행복을 가져다주지 못한다는 인식이 확산되면서 미국 시민들 사이에서 더 많은 정치적 평등을 향한 움직임을 강하게 지지하는 시민권의 문화culture of citizenship가 우위에 서게 될 가능성이다.

이 두 미래 가운데 어떤 미래가 현실이 될지는 다음 세대의 미국 시민들에게 달려 있다.

이 작은 책을 쓰면서 많은 사람들의 도움을 받았다. 데이비드 메이휴와 이안 샤피로는 초고를 읽고 사려 깊은 논평을 해주었을 뿐만 아니라 글 쓰는 작업을 계속할 수 있도록 나를 격려해 주었다. 덕분에 원고 내용을 수정하고 발전시킬 수 있었다. 번 해그벳은 초고를 읽고 나서 도움이 되는 논평을 해주었을 뿐만 아니라 책으로 출판하기를 강력히 권유했다. 스티븐 스미스는 원문에 나타난 몇 가지 오류들을 잡아 주었다. 예일대학교 출판부에 제출한 수정 원고를 읽어 준 사람은 제니퍼 호스차일드와 프레드 그린스타인이었다. 이들은 아주 적절하고 세심한 제안을 해주었다. 그 제안들에 대해 고민하고 오래 생각한 후에 나는 내 주장의 논리 구조를 근본적으로 재구성하는 것이 필요하다는 판단을 했다. 그 결과 내 주장은 이전보다 훨씬 더 일관성을 갖게 되었다고 본다. 스테픈 캐플란과 몰리 루이스는 초고를 작성하는 데 사용될 그림과 표에 필요한 다양한 조사 작업을 맡아 주었다. 내가 늘 도움을 받고 있는 마이클 카피지는 몇 가지 그림의 토대가 되는 국가 간 순위를 만들어 주었다. 덕분에 또 하나의 빚을 지게 되었다. 마지막 장의 주석에서 지적하고 있듯, 나는 로버트 레인에게 많은 빚을 졌다. 마지막 장에서 자세하게 다루고 있는 인간 행복의 원천에 대한 나의 이해는 그의 저작들을 읽고 그와 수년간 대화하면서 얻게 된 것이었는데, 이 모든 것이 그의 덕분이라고 할 수 있다. 마지막으로 원고를 계속해서 수정했음에도 불구하고 열정적인 격려와 인내심을 보여 주었던 예일대학교의 존 다내치와 케이스 컨던, 그리고 사려 깊고 꼼꼼한 편집을 해주었던 제프 쉬어에게 감사의 마음을 전하고 싶다.

1

서론

인간이 일정한 나이의 성인이 되면 정치적으로 평등한 개체로 대우받을 자격을 갖는다는 주장에 대해, 기록된 역사의 상당 기간 동안 많은 사람들은 말도 안 되는 소리라고 생각했다. 그리고 지배자들은 그런 주장을, 체제를 위협하는 위험천만한 것으로 여겼고 그래서 강제로 억누르지 않으면 안 된다고 생각했다.

18세기 이후로 민주주의적 관념과 신념이 확대되면서 한때 불순하게 여겨졌던 그런 주장은 이제 거의 평범한 것이 되었다. 따라서 실제로는 그런 주장을 전혀 수용하지 않는 권위주의적 통치자라 하더라도 공개적으로 자신의 이념을 표명하는 상황에서는 그것을 받아들일 수밖에 없었다.

그러나 정치 현실을 주의 깊게 관찰해 보면 누구나 알 수 있듯, 민주주의 국가에서조차 정치적 평등이라는 목표와 실제의 성취 사이에는 상당히 큰 격차가 있다. 미국과 같은 민주주의 국가들에서조차 그런 격차는 점차 확대되고 있으며 잘못하다가는 심각한 위험 수준에 이를 수도 있다.

정치적 평등은 우리 인간의 한계를 넘어서는 목표는 아닐까? 따라서 우리는 좀 더 쉽게 도달할 수 있는 다른 목표나 이상을 추구해야만 하는 것이 아닐까? 아니면 제한된 인간적 한계 안에서도 이상과 현실 사이의 격차를 획기적으로 줄일 수 있는 변화가 가능하지 않을까?

이런 질문에 완벽하게 답하는 것은 이 짧은 책의 범위를 넘어서는 일이다. 나는 민주주의의 이상은 정치적 평등을 바람직한 것으로 전제한다는 가정에서 출발하고자 한다. 우리가 민주주의를 하나의 목표나 이상으로 생각한다면, 정치적 평등 역시 하나의 목표나 이상으로 당연히 바라보아야만 한다는 것이다. 이전에 낸 책들에서 나는 이런 가정이 왜 이성적으로 매우 합당한지를, 나아가 인간이 도달할 수 있는 범위 내에서 실행 가능할 뿐만 아니라 현실적인 목표들을 우리에게 제시해 주는지를 보여 주고자 했다.[1] 그 내용을 가져와 다음의 2장에서는 이런 판단을 뒷받침할 수 있는 이유를 다시 설명해 보겠다.

3장에서는 정치적 평등이 실행 가능하며 달성 가능한 목표로서 왜 적절한 것인지에 대해 좀 더 살펴보려 한다. 이를 뒷받침하기 위한 경험적 증거로서, '민주적인' 정치체제들이 역사적으로 계속 확대되었다는 사실과, 좀 더 많은 성인들을 포괄하는 방향으로 시민권이 확장되었다는 사실을 중요하게 다룰 것이다. 4장에서는 정치적 평등을 진작시키는 특별하고도 전례 없는 성취가 가능할 수 있었던 그 근저를 이해하기 위해, 이미 광범위하게 나타나고 있고 심지어 보편적이기까지 한 인간적 충동[목표 지향적인 인간 행동을 촉발시키는 내적 원인의 총칭_옮긴이]의 중요성을 강조할 것이다.

그러나 인간이 갖는 이런 근본적 특성과 능력이 정치적 평등을 (완전하게 도달할 수는 없지만) 실행 가능한 목표로 옹호할 수 있는 이유가 된다 하더라도, 우리는 정치적 평등의 실현에 지속적인 장애를 부과하는 인간 및 인간 사회의 근본적인 문제들에 대해서도 생각하지 않으면 안 된다. 이는 5장에서 다룬다.

이를 고려해 미국의 미래가 어떨 것인지의 문제를 생각한다면, 우리는 그런 장애의 확대가 미국 시민들 사이에서 정치적 불평등을 급격하게 증가시킬지 모른다는 현실적인 가능성을 가정해 볼 수 있을 것이다. 6장에서 나는 이런 미래의 가능성을 따져 볼 것이다.

마지막 장에서, 나는 대안적이면서도 좀 더 희망적인 미래에 대해 묘사해 보고자 한다. 그 미래란 인간이 가진 몇몇 근본적인 충동들이 문화적 전환을 촉발함으로써 결과적으로 오늘날 사람들 사이에 만연해 있는 정치적 불평등이 상당히 줄어들 수 있다는 것이다.

이 가운데 어떤 미래가 실제로 현실화될 것인지를 예측하는 것은 내 능력을 넘어서는 일이다. 그러나 나는 우리와 우리의 후손들이 선택하게 될, 개별적·집단적 노력과 행위에 따라 결과는 아주 달라질 것이라 확신한다.

2

정치적 평등은 이성적으로 합당한 목표인가?

우리가 이성적이고 투명한 공적 논의를 하면서 그 누구도 쉽게 거부하기 어려운 다음과 같은 두 개의 가정을 세울 수 있다면, 정치적 평등과 민주주의를 훨씬 강력하게 옹호할 수 있을 것이다. 첫 번째 가정은 도덕적 판단moral judgment에 따른 것이다. 이 가정에 따르면 모든 인간은 평등한 본질적 가치를 갖고, 어떤 사람도 본질적으로 다른 사람보다 우월하지 않으며, 개개 인간의 복지나 이익은 평등하게 고려되어야만 한다.[1] 나는 이것을 '본질적 평등의 가정'assumption of intrinsic equality이라 부르고자 한다.

이런 도덕적 판단을 받아들인다 하더라도, 매우 까다로운 문제가 곧바로 제기된다. 즉, 누가 혹은 어떤 집단이 개인의 복지나 이익이 실제로 무엇인지를 결정할 수 있는 최상의 자격을 갖고 있는가? 분명 그 대답은 상황에 따라, 결정의 종류에 따라, 관련된 이해 당사자들이 누구인지에 따라 상당히 다르게 나타날 것이다. 그러나 우리가 특정 국가의 정부에 초점을 두고 생각한다면 가장 신중하고도 사려 깊은 [두 번째_옮긴이] 가정은 다음과 같을 것이다. 즉, 성인들 가운데 어느 누구도 다른 사람에 비해 정부를 통치할 수 있는 더 나은 자격을 갖고 있다고 단정적으로 주장할 수 없으며, 따라서 어느 누구도 특정 국가의 정부에 대해 완전하고도 결정적인 권위를 위임받을 수 없다.

이 두 번째의 사려 깊은 판단prudential judgment을 좀 더 정교하게 하고 여기에 일정한 조건을 덧붙일 수는 있지만, 이런 판단과 실질적으로 다른 명제는 적어도 다음과 같은 세 가지 이유에서 지지하기 어렵다. 첫째, 액턴 경*의 유명할 뿐만 아니라 자주 인용되는 명제, 즉 권력은 부패하고 절대 권력은 절대적으로 부패한다는 명제는 인간에 관한 근본적인 진리를 담고 있는 것으로 보인다. 통치의 시작 단계에서 통치자의 의도가 무엇이든, '공공선'에 헌신하겠다는 그들의 모든 공약은 시간이 지날수록 '공공선'을 통치자 자신의 권력 내지 특권의 유지와 같은 것으로 전환하기 쉽다.

♣존 에머리크 에드워드 달버그-액턴(John Emerich Edward Dalberg-Acton, 1834~ 1902)은 영국의 역사가·사상가·정치가로 이탈리아 나폴리에서 태어나 1859년 영국으로 이주하면서 1865년까지 하원 의원을 지냈다. 1869년 남작에 봉해졌고, 만년에는 케임브리지대학교에서 근대사 교수를 지냈다. 주요 저서로는 『자유의 역사』(1907), 『프랑스혁명 강의』(1910) 등이 있다. 위 경구는 액턴이 1887년 4월 만델 크레이튼(Mandell Creighton) 주교에게 쓴 편지에 있는 문구다.

둘째, 존 스튜어트 밀John Stuart Mill의 유명한 주장처럼 자유로운 토론과 논쟁이 진실을 추구하는 데 — 혹은 판단을 이성적으로 정당화하는 데 — 필수적이듯, 정부 정책에 대해 토론하고 반대할 수 있는 자유를 가진 시민들에 의해 견제되지 않는 정부는 때때로 재난에 가까운 엄청난 오류를 범하기 쉽다. 이는 현대 권위주의 체제의 여러 사례에서 충분히 확인할 수 있다.[2] 마지막으로 상당히 많은 수의 사람들이 동등한 시민권을 부여받지 못했던 매우 중요한 역사적 사례들을 생각해 볼 때 분명해진다. 오늘날 과연 노동계급과 여성 그리고 인종적·민족적 소수자가 정치 참여로부터 배제될 때 지배적인 특권층이 그들의 이익을 적절하게 고려하고 보호할 것이라고 실제로 믿는 사람이 누가 있을까?

그렇다고 해서 그간 정치적 평등이 확대될 수 있었던 것은 지금까지 내가 끌어들인 논거들을 사람들이 충분히 알고 있었기 때문에 가능했다고 말하려는 것은 아니다. 내가 강조하고자 하는 것은 단지 다음과 같은 점이다. 즉, 도덕적 판단과 사려 깊은 판단은 정치적 평등을 도덕적으로 바람직하고 이성적으로 합당한 목표 내지 이상으로 강력히 지지한다는 것이다.

정치적 평등과 민주주의

(비록 모든 결사체는 아니어도) 적어도 국가를 통치하는 데 있어 정치적 평등이 바람직하다는 결론을 우리가 내리게 되었다고 하자.

그렇다면 정치적 평등은 어떻게 성취될 수 있을까? 말할 필요도 없이, 정치적 평등이라는 이념으로부터 국가를 통치하기 위한 정당성과 정치제도를 도출하는 유일한 정치체제는 민주주의밖에 없다. 그렇다면 특정 정치체제가 민주주의로 인정받기 위해서는 어떤 정치제도가 필요한가? 그리고 왜 그런 정치제도인가?

이상 대 현실

이상적 민주주의ideal democracy라는 개념이 없다면 이런 질문에 만족스럽게 답할 수 없다는 것이 내 생각이다. 같은 이유에서 아리스토텔레스Aristotle 역시 현실의 정치체제들을 분류하기 위해 자신이 생각하는 이상적인 헌정 체제를 세 가지로 분류했으며, 이상적 민주주의에 대한 묘사가 현실의 다양한 정치체제를 비교할 수 있는 모델을 제공한다는 사실을 발견했다. 현실적인 것과 대조될 수 있는 이상적인 것의 개념화를 갖고 있지 못하다면, 우리의 논리는 예컨대 "미국, 영국, 프랑스, 노르웨이는 모두 민주주의 국가들이다. 그러므로 이 모든 국가들이 공통적으로 갖고 있는 정치제도는 민주주의에 필수적인 기본 제도들이다. 그러므로 이런 제도들을 갖고 있는 나라는 모두 민주주의 국가다"와 같은 식의 순환론이거나 완전히 자의적인 주장이 될 수 있다.

우리가 항상 염두에 두어야만 하는 것은 '이상적' 체제에 대한 묘사는 서로 상이하지만 완전히 양립 가능한 두 가지 목적에 기여할 수 있다는 사실이다. 하나는 경험적 혹은 과학적 이론을 발전시키는 데 도움을 줄 수 있다는 점이다. 다른 하나는 이상적인 목적이나 목표를 제시함으로써 도덕적 판단을 내리는 데 기여할 수 있다는 것이다. 첫 번째 관점의 '이상'이 두 번째 관점의 '이상'을 반드시 함의하는 것은 아니지만, 이 둘이 서로 혼동되는 경우도 종종 있다.

경험적 이론을 발전시키는 데 있어서, 이상적 체제의 역할은 일련의 완벽한(이상적) 조건 아래에서 그 체제의 특성이나 작동을 설명하는 것이다. 갈릴레오 갈릴레이Galileo Galilei는 경사진 평면에서 굴러 내려가는 구슬의 속도를 측정함으로써, 물체가 진공 상태에서(이상적 조건 아래에서) 낙하하는 속도를 추론해 냈다. 분명 그는 진공 상태에서 물체의 낙하 속도를 측정하지도, 측정할 수도 없었다. 그러나 갈릴레오가 발전시킨 물체의 낙하 법칙은 오늘날에도 유효한 것으로 평가받는다. 실제 경험 세계에서는 완벽하게 실현될 수 없고 다만 거의 근접할 수밖에 없는 이상적인 조건에서 물체나 힘의 운동에 관한 가설을 정식화하는 방법은 물리학에서 보편적으로 사용되고 있다. 유사한 관점에서, 독일의 사회학자 막스 베버Max Weber가 "정당한 권위의 세 가지 순수형"을 제시했을 때, 그는 "이런 분류의 유용성이란 오직 체계적 분석에 기여한 결과만으로 평가받을 수 있다. …… 이런 세 가지 이념형 중 어떤 것도 …… 역사적 사례로서는 '순수한' 형태로 잘 발견되지 않는다"라고 말했다.[3]

두 번째 관점에서 말하는 이상이란 바람직한 목표로서 이해된다. 그것은 아마도 현실에서 완벽하게 성취될 수 있는 것이 아니라, 우리가 열망하도록 되어 있는 어떤 기준이자 측정 가능한 효용 내지 지금까지 성취되었거나 존재하는 가치와 대조되는 것이라 할 수 있다.

민주주의에 대한 정의나 묘사가 단지 첫 번째 목적에 부합하도록 의도된 것일 수 있다. 그럼에도 그것은 두 번째 목적에도 잘 부합할 수 있다. 경험적 이론을 이끌어 내는 데 기여했던 민주주의에 대한 개념화는 [이상적 민주주의의_옮긴이] 옹호자가 아니라 비판자 — 즉, 이상적 형태의 민주주의는 지향하는 목표와 실제로 만족할 만한 근사치에 다다를 가능성 사이의 거대한 괴리 때문에 [현실을 설명하는 데_옮긴이] 적합하지 못하거나 인간의 경험과는 아무런 관련이 없다고 생각하는 사람 — 들로부터도 나올 수 있다.

이상적 민주주의

이상적 민주주의를 다양한 방식으로 설명할 수 있지만, 데모스demos＋크라티아kratia라고 하는 '인민'people에 의한 지배를 뜻하는 용어의 어원적 기원이 하나의 유용한 출발점이 될 수 있다. 어떤 '인민'이 완전한 정치적 평등을 획득하는가라는 질문을 열어 두기 위해서, 여기서는 당분간 '인민' 대신에 좀 더 중립적인 용어로서 '데모스'✤를 사용하고자 한다.

✤ 고대 그리스의 도시국가에서 평등한 정치 참여의 권리와 지위를 부여받은 지역공동체

내가 생각하기에 최소한 이상적 민주주의란 다음과 같은 특징을 필요로 한다.✤

- 효과적 참여. 결사체가 특정 정책을 선택하기에 앞서 데모스의 모든 구성원은 어떤 정책이 선택되어야 할지에 대한 자신들의 견해를 다른 구성원에게 알릴 수 있는 평등하고 효과적인 기회를 가져야만 한다.
- 투표의 평등. 최종적인 결정을 내려야 할 때, 모든 구성원은 투표할 수 있는 평등하고 효과적인 기회를 가져야만 한다. 그리고 모든 표는 평등한 것으로 계산되어야 한다.
- 계몽적 이해의 획득. 적절한 시간 안에, 각 구성원은 관련된 대안적 정책들과 그것이 가져올 수 있는 여러 결과에 대해 이해할 수 있는 평등하고 효과적인 기회를 가져야만 한다.
- 의제에 대한 최종적 통제. 데모스는 그들의 구성원이 어떤 문제를 의제로 삼을지를 선택하는 방식을 결정할 수 있는 배타적인 기회를 가져야만 한다. 따라서 앞에서 제시한 세 가지 특징들이 요구하는 민주적 과정만으로는 결코 완결될 수 없다. 특정 결사체의 정책은, 만일 데모스의 구성원이

내지 그 구성원을 가리킨다. 아테네의 경우 민주주의의 전성기라 할 수 있는 기원전 5세기경에 150개에서 170개의 데모스가 있었고, 그 구성원은 대략 3만5천에서 4만 명 정도였다.

✤ 이에 대해서는 로버트 달, 『민주주의』, 김왕식 외 옮김, 동명사, 1999, 58-59쪽을 참조하라.

원한다면, 바뀔 수 있도록 항상 개방되어 있어야만 한다.

- 포괄성. 데모스의 모든 구성원은 바로 위에서 설명했던 방식으로 참여할 수 있는 자격을 갖는다. 즉, 효과적 참여, 투표의 평등, 이슈에 대한 계몽적 이해의 추구, 의제에 대한 최종적 통제의 실행.

- 기본권. 이상적 민주주의의 각 필수 요소들은 하나의 권리를 규정한다. 그것은 그 자체로 이상적이고 민주적인 질서의 필수적인 부분이다. 참여할 수 있는 권리, 다른 사람의 표와 동등하게 계산되는 투표의 권리, 의제로 설정된 이슈를 이해하는 데 필요한 지식을 탐구할 수 있는 권리, 그리고 의제에 대한 최종적 통제를 실행하는 데 있어 동료 시민들과 동등한 입장에서 참여할 수 있는 권리가 그것이다. 이러할 때 민주주의는 정치적 과정일 뿐 아니라 필연적으로 기본권의 체계를 구성한다.

현실의 민주주의 체제

아리스토텔레스부터 장 자크 루소Jean-Jacques Rousseau, 그리고 그 이후의 정치철학자들은 일반적으로 어떤 현실 정치체제도 이상적 정치체제의 요구를 완전히 충족시킬 수는 없다고 주장했다. 비록 현실의 민주주의 국가들이 채택하고 있는 정치제도들은 정치체제가 상대적으로 높은 수준의 민주주의에 도달하기 위해 필요한 조건이지만, 완벽한 혹은 이상적 민주주의를 성취하는 데 충분한 조건은 아니다. 그러나 아테네에서 시민·지도자·정치철학자들이 자신들의 정치체제를 민주주의 — 이상적 민주주의가 아니라 현실적 민주주의 — 라고 명명했을 때, 혹은 알렉시 드 토크빌Alexis de Tocqueville이 (미국과 다른 나라 대부분의 사람들처럼) 미국을 주저 없이 민주주의 국가라고 불렀을 때 그랬던 것처럼, 그런 정치제도들은 이상적인 민주주의를 향한 하나의 거대한 진보가 아닐 수 없다.

만일 구성원의 수와 영역의 크기 면에서 소규모의 공동체라면, 집회 민주주의assembly democracy의 정치제도들을 통해 '인민에 의한 정부'에 필요한 요소들을 쉽게 충족시킬 수 있을지 모른다. 시민은 그들 앞에 놓인 제안들에 대해 충분히 검토할 수 있을 만큼 자유롭다. 그들은 동료 시민들과 함께 정책과 제안에 대해 논의할 수 있으며, 더 많은 정보를 갖고 있을 것으로 생각되는 동료들로부터 정보를 얻을 수 있고, 서적이나 다른 자원들을 참고할 수도 있다. 그들은 아테네의 프닉스 언덕Pnyx Hill[민회가 개최되었던 아크로폴리스 서쪽에 위치한 언덕_옮긴이], 로마의 포럼Forum[고대 로마 시대의 공공 집회 광장. 주위에 회랑·바실리카·신전·상점이 늘어서 있어서 정치·경제의 중심을 이루었다_옮긴이], 베네치아의 팔라초 두칼레Palazzo Ducale[베네치아공화국을 통치하던 총독의 공식 거처임과 동시에 베네치아공화국의 대의원회가 열렸던 궁전_옮긴이], 뉴잉글랜드의 타운 홀town hall[뉴잉글랜드를 비롯한 여러 식민지의 집회 장소로서, 여기에서 열린 타운 회의는 직접민주주의의 자치 조직으로 불린다_옮긴이]과 같이 편리한 장소에서 만날 수 있다. 그곳에서 중립적인 중재자의 지도 아래, 적절히 제한된 시간 동안 논의하고, 논쟁하며, 수정하고, 제안할 수도 있다. 최종적으로 그들은 투표권을 행사할 수 있고, 모든 표는 평등하게 계산되고, 결국 다수표를 얻은 제안이 승리하게 된다.

이상과 같은 관점에서 볼 때, 왜 집회 민주주의가 대체로 대의제 민주주의보다 이상적 민주주의에 훨씬 가까운 것으로 간주되는지 알 수 있다. 마찬가지로 사회계약론을 주장한 루소와 같은 집회 민주주의의 열렬한 옹호자들이 왜 대의제 민주주의라는 용어를 자기 모순적이라고 주장했는지도 쉽게 이해할 수 있다. 그러나 그런 견해들은 다수의 공감을 얻는 데 실패해 왔다.

대의제 민주주의 정치제도

19세기와 20세기에 걸쳐 유럽과 영어권 국가들에서 민주적 대의 정부를 위해 필요한 일련의 정치제도들이 발전되었다. 그것은 전체적으로 보면, 인류의 역사에서 완전히 새로운 것이었다.[4] 헌정 구조상으로는 중대한 차이가 있지만, 기본적으로 이들 대의제 정치제도들은 크게 보아 몇 가지 유사한 특징을 갖는다. 가장 중요한 것은 다음과 같다.✤

✤ 이에 대해서는 로버트 달, 『민주주의』, 김왕식 외 옮김, 동명사, 1999, 120-121쪽을 참조하라.

- 공직자는 정부의 중대한 결정과 정책을 직간접적으로 선택하거나 또는 책임을 진다. 그들은 보통선거를 통해 선출된다.
- 시민은 공정할 뿐만 아니라 적절한 주기를 갖는 선거에 자유롭게 참여할 수 있는 권리가 있다. 선거에서 강제는 거의 나타나지 않는다.
- 시민은 선출직에 출마하여 공직에 봉사할 수 있는 권리를 가지고 있다. 물론 나이 및 거주와 관련된 자격 조건이 요구될 수 있다.
- 시민은 정치와 관련된 광범위한 주제에 대해, 심각한 처벌의 위험 없이, 공식적으로 자기 의견을 표현할 수 있다.
- 모든 시민은 동료 시민, 신문, 그리고 매우 다양한 형태를 통해 독립된 정보 원천sources of information을 획득할 수 있는 권리를 갖는다. 나아가 정부나 어떤 단일 집단의 통제를 받지 않는 정보 원천이 실제로 존재하며, 그런 정보 원천들은 법의 효과적인 보호 아래 표현의 자유를 누린다.
- 초기 민주주의와 공화국에서 정치적 '파벌'은 피해야만 할 위험이라는 것이 지배적인 관점이었다. 그러나 그런 관점과 정반대로 이론과 실제 양 측면에서 다음과 같은 주장이 등장했다. 즉, 다양한 권리를 획득하기 위해서, 시민은 독립적인 정당과 이익 단체와 같은, 상대적으로 독립된 결사체와 조직을 만들고 참여할 수 있는 좀 더 나은 권리를 가져야만 한다.

국가와 같은 큰 단위에서는 다음과 같은 정치제도들이 필요함.	다음과 같은 이상적 민주주의의 기준을 충족시키기 위한 것임.
1. 대표의 선출	•효과적 참여 •의제의 통제
2. 자유롭고 공정한 주기적 선거	•투표의 평등 •효과적 참여
3. 표현의 자유	•효과적 참여 •계몽적 이해 •의제의 통제
4. 대안적인 정보 원천	•효과적 참여 •계몽적 이해 •의제의 통제
5. 결사의 자유	•효과적 참여 •계몽적 이해 •의제의 통제
6. 모든 데모스 구성원을 포괄	•효과적 참여 •투표의 평등 •계몽적 이해 •의제의 통제

이와 같은 정치제도들은 다양한 정치적·역사적 환경을 갖는 서로 다른 국가들에서 발전했는데, 그런 제도의 발전이 반드시 민주적 동기에 의해서만 촉발된 것은 아니었다. 하지만 국가와 같이, 집회 민주주의를 하기에는 너무 큰 규모의 정치 단위에서 만족할 만한 수준의 민주주의를 달성하기 위해서는 이와 같은 제도들이 필수적이라는 사실이 점차 분명해졌다.

(대규모 정치 단위에서 실천되는) 현실의 민주주의 제도와 이상적 민주주의의 필요조건 사이의 관계는 위의 〈표〉와 같이 요약될 수 있다.

데모스 권력에 대한 정당한 제한

만일 정책에 대한 시민들의 의사가 불일치하다면, 누구의 견해에 따라 정책이 결정되어야 할까? 이에 대한 표준적인 해답은, 민주주의 체제에서 결정은 시민 다수majority의 의지에 따라야만 한다거나 혹은 대의제에서는 입법부를 구성하는 대표 다수의 의지에 따라야만 한다는 것이다. 다수결의 원리와 그것의 정당성을 둘러싼 문제는 존 로크John Locke 이래 오늘날에 이르기까지 언제나 민감하면서도 호소력 있는 분석의 주제였다. 나는 여기서 추가적으로 다수결의 원리를 정당화하려 하지는 않을 것이다. 다만, [다수결의 원리 이외에_옮긴이] 모든 시민이 정치적으로 평등한 자로 인정받을 수 있는 자격을 갖는다는 전제와 양립할 수 있는 또 다른 규칙은 없다는 점을 지적해 두고자 한다. 다수결의 원리라는 것이 문제가 없는 것은 아니지만, 여기에서 따져 봐야 할 핵심적인 주제는 아니다.[5]

이제 우리의 질문으로 다시 돌아가 보자. 만일 데모스의 참여가 보장되어 있고, 꼭 필요한 정치제도가 만족스럽게 확립되어 있다고 가정한다면, 법률을 제정할 수 있는 데모스의 권위, 좀 더 정확히 말해 데모스 구성원 과반수의 권위에 어떤 제한을 둘 수 있는가?

필수적인 민주적 권리

대규모 정치체제의 경우 대의제 민주주의가 규범적으로 바람직할 뿐만 아니라 경험적으로도 실현 가능하다는 사실을 신뢰한다면, 나아가 대의제 민주주의를 위해서는 내가 언급했던 제도

들과 필수적 권리들이 꼭 필요하다면, 그런 권리들을 현저하게
약화시키거나 심지어 파괴하는 어떤 행위도 정당화될 수 없으며
또한 그것은 다수가 가진 법률적 혹은 헌법적 권위에 의해서도
제한될 수 없다고 생각하는 것이 당연하다. 이 문제에 대해 좀 더
철저하게 검토한다면 훨씬 더 많은 얘기를 할 수 있겠지만, 단순
히 논리상으로만 보아도 민주주의에 필수적인 기본권들이 다수에 의
해 침해되는 것이 정당화될 수 없음은 분명한 사실이다. 다수의
행위는 오직 정치적 평등의 원리에 의해서만 정당화될 수 있기
때문이다. 단순화한다면, 다음과 같이 말할 수 있을 것이다.

1. 정치적 평등을 추구하는 것은 바람직할 뿐만 아니라 실현
   가능한 목표다.
2. 다수결 원칙은 정치적 평등을 성취하는 수단으로서만 정
   당화된다.
3. 민주주의 정치체제는 정치적 평등을 성취하기 위한 필요
   조건(충분조건은 아닐지라도)이다.
4. 특정의 권리들은 민주주의 정치체제를 완전하게 실현하기
   위한 필요조건(충분조건은 아닐지라도)이다.

그렇다면 이제 다음과 같은 결론에 이르게 된다.

● 그와 같은 필수적인 권리들을 부정하거나 침해하는 것은
   민주주의 정치체제를 손상시킬 것이다.

- 그와 같은 필수적인 권리들을 부정하거나 침해하는 것은 민주주의 체제에 해를 끼치고 정치적 평등을 손상시킬 것이다.
- 다수결 원칙이 오직 정치적 평등을 달성하는 수단으로서만 정당화된다면(위의 가정 2), 다수결의 원리가 민주주의 체제에 필수적인 권리를 손상시키는 행위를 정당화할 수 있는 합리적 근거는 없다.

언론의 자유와 같이 민주주의 체제에 필수적인 제도를 파괴하는 행위를 막기 위해 다수의 권위에 제한을 두는 행위는 민주적인 신념과 모순되는 것이 아니다. 예컨대 미국 헌법 안에 자리를 잡게 된 권리장전[Bill of Rights]의 취지가 바로 그런 것이다. 미국 헌법은 51퍼센트라는 일반적인 다수에 의해 개정될 수 없으며, 수정 조항을 통과시키기 위해서는 [3분의 2라고 하는_옮긴이] 압도적 다수[supermajorities]가 요구된다.

물론 논리적으로 볼 때, 헌법 수정에 필요한 압도적 다수가 민주주의의 바람직성을 지지하면서, 동시에 위에서 열거한 언론의 자유, 자유롭고 공정한 선거 등과 같은 제 권리를 심대하게 손상시키거나 파괴할 수 있는 헌법 수정을 지지한다고 생각하기는 어렵다.

여기서 우리는 마땅히 그래야 한다는 당위[ought]에서 현실[is]로 넘어가야 한다. 경험적 현실 세계에서는, 민주주의 국가의 적극적인 시민 가운데 압도적 다수가 민주주의에 필수적인 권리를 바람직하지 않은 것으로 보고, 그런 권리를 대폭적으로 제한하거나 폐지해야 한다고 생각한다면, 이때 민주주의에 필수적인 권리는 억제될 수밖에 없다. 사법부가 아무리 독립적이라 할지라도, 민주적 권리에 대한 강력한 반대가 계속된다면 그 흐름을 거스를 수 없다. 데모스가 민주주의에 필수적인 권리들을 바람직하지 않은 것으로 생각한다면, 민주주의는 곧 과두제나 전제정으로 전락할 수 있다.

하지만 민주주의에서 과두제로 가는 또 다른 길, 다시 말해 좀 더 간교한 길이 있다. 대부분의 데모스가 이런 기본권들을 바람직한 것으로 계속 생각하더라도, 그들 스스로 정치 지도자들에 의한 기본권 침해를 막거나 기본권 보호를 위한 정치 행동에 나서지 못하는 상황이 있을 수도 있다. 이들 정치 지도자들은 자신들의 정치적 목적을 달성할 수 있는 자원을 데모스보다 훨씬 더 많이 가지고 있기 때문이다.

그렇다면 정치적 평등은 실현 가능한 목표인가?

이런 분석은 근본적이면서도 까다로운 질문들을 제기한다. 우리가 정치적 평등을 매우 바람직한 목표이며, 그것이 민주주의 정치체제에서 가장 잘 달성될 수 있다고 생각하더라도, 정치적 평등이라는 목표는 민주주의 체제에서 실제로 달성될 수 있는 것일까? 혹은 인간 및 인간 사회의 몇 가지 근본적인 특징들이 정치적 평등에 상당한 장애를 부과하기 때문에, 정치적 평등이라는

목표는 우리가 달성하려는 노력을 포기해야 할 만큼 어려운 것
은 아닐까?

　정치적 평등에 대한 수사rhetoric와 현실 사이의 커다란 차이를
보여 주는 강력한 사례는 미국이다. 대영제국의 왕이 부과한 "반
복되는 위법행위와 권리침해"의 수많은 사례들을 적시하고 있는
문서[미국 독립선언서_옮긴이]의 두 번째 문단에서, 우리는 소위 자
명한 진리, 즉 모든 인간은 평등하게 창조되었다는 유명한 명제
["우리들은 다음과 같은 것을 자명한 진리라고 생각한다. 즉, 모든 사람은
평등하게 태어났으며, 조물주는 몇 개의 양도할 수 없는 권리를 부여했으
며, 그 권리 중에는 생명과 자유와 행복의 추구가 있다"_옮긴이]와 만나
게 된다. 미국 독립선언서의 기초자들과 1776년 7월 제2차 대륙
회의에서 독립선언서 채택에 찬성했던 55명의 대표들은 물론 모
두 남성이었다. 그들 중 누구도 선거권이나 그 외 수많은 다른 기
본적인 정치적·시민적 권리를 여성에게까지 확대하려고 하는 의
도를 갖지 않았다. 당시 여성은 그 시대의 법률에 따라 아버지나
남편의 소유물이었을 뿐이다.

　로저스 스미스Rogers Smith는 미국 시민권에 대한 그의 뛰어난 저
작에서 다음과 같이 쓰고 있다. "여성에 대해 …… 헌법은 어떤
것도 직접적으로 말하지 않는다. 하지만 미합중국의 하원 의원,
상원 의원, 부통령 그리고 대통령을 설명하면서 남성 대명사를
서른 번이나 사용하고 있다. …… 명백한 사실은 미국 헌법이 여
성의 참정권과 법적·정치적 권리를 거부하는 주법을 손대지 않
고 그대로 두었다는 것이다."[6]

존경할 만한 독립선언서의 지지자라고 표현할 때, 거기에 노예와 아프리카 출신 자유민들은 포함되지 않았다. 자치공화국으로의 독립을 주장했던 거의 모든 식민주에서 이들이 상당수의 인구를 차지하고 있었음에도 그랬다.[7] 독립선언서의 주요 작성자였던 토머스 제퍼슨Thomas Jefferson은 수백 명의 노예를 소유하고 있었으며, 자신이 살아 있는 동안 어떤 노예도 해방시키지 않았다. 제퍼슨은 자신이 죽을 때 단지 다섯 명의 노예를 해방시켰을 뿐이다.[8] 미국의 노예제는 이후 (링컨이 게티즈버그 연설에서 사용했던 시적인 표현을 빌리자면) 80년 하고도 7년 이상이 지나서야 군사력과 수정 헌법을 통해 법적으로 폐지되었다. 그 후에도 미국 남부에서 아프리카계 미국인이 정치에 참여할 수 있는 권리를 효과적으로 행사하기까지는 다시 100여 년의 시간이 필요했다. 그로부터 또 두 세대가 지난 지금까지도 미국의 백인과 흑인 모두는 여전히 노예제와 그 여파가 인간의 평등과 자유, 존엄, 존중에 남겨 놓은 깊은 상처를 안고 있다.

우리의 고귀한 독립선언서는 유럽인들이 점령하여 식민지로 삼았던 땅에서 수천 년 동안 살아왔던 원주민 역시 평등한 인간에 포함시키지 않았다. 우리 모두는 식민지 개척자들이 어떻게 미국 원주민의 가옥과 토지, 거처, 자유, 존엄, 인간성을 파괴했는지를 잘 알고 있다. 그들의 후손은 수세기 동안 그들이 받아왔던 부당한 대우, 즉 동등한 인간으로서의 사회적 지위는 고사하고 법적·경제적·정치적 지위에 대한 기본적인 요구조차, 종종 폭력을 통해 거부당함으로써 오늘날까지도 계속해서 고통을 겪고 있다. 이 장구한 고통의 기간은, 그 이후 최근까지도 계속해서 무시와 무관심의 대상이었다.

이 모든 것은 토크빌과 같은 유럽 출신의 방문자들이, 그 어떤 나라보다도 평등에 대한 열정을 강렬하게 드러내고 있다고 (내가 생각하기에도) 정확하게 묘사했던 미국에서 일어난 일이다.

다른 민주주의 국가들에 대해서도 이와 비슷한 수많은 사례들이 있다. 상당수의 유럽인들은 세계에서 가장 발전한 민주주의 국가인 영국의 국민들이 수세기 동안 그 어떤 다른 서유럽 국가의 국민들보다 계급과 지위에 따른 차별의 형태로 사회적 불평등을 유지해 왔다는 데 동의할 것이다. 이런 사회적 불평등은 다양한 형태로 나타났는데, 특히 고등교육, 존경받는 영국 공무원 사회, 법률가·판사와 같은 전문직, 그리고 기업에서 그러했다. 게다가 영국은 불과 몇 년 전까지만 해도 세계의 여타 민주주의 국가들과 달리 세습 귀족이 압도적으로 영국 의회를 구성함으로써 상당히 시대착오적인 상원을 유지했다.*

정치적 평등에 대한 공식적인 수사와 현실 사이의 역사적 간극이 미국과 영국에서만 특별한 것은 아니다. 많은 '민주적인' 국가에서 성인 남성 인구의 대다수가 19세기 말, 심지어 20세기까지 선거권을 갖지 못했다. 그리고 단지 두 개의 '민주적인' 국가

---

* 영국의 상원은 현재 세습 귀족, 종신 귀족, 성직자를 포함해 704명으로 구성되어 있으며 1999년 상원 개혁안을 통해 세습 귀족은 759명에서 92명으로 축소되었다. 현재 상원 의원 전원을 보통선거로 선출하는 개혁안이 추진되고 있다.

인 뉴질랜드와 오스트레일리아만이 1920년대 이전에 총선에서 여성에게 선거권을 부여했다. 프랑스와 벨기에에서 여성은 제2차 세계대전 이후까지 총선에서 선거권을 획득하지 못했다. 스위스에서 남성 보통선거권은 1848년에 부여되었지만 여성은 1971년까지 투표권을 얻지 못했다.

'민주적인' 국가들에서 정치적 평등에 대한 수많은 수사적 공약들이 정치 지도자와 많은 시민들(남성 시민들)에 의해 아주 빈번하게 강조되었음에도 그랬다.

정치적 평등의 발전

때때로 평등이 수많은 지역에서 거부되어 왔음에도 불구하고, 지난 몇 세기에 걸쳐 정치적 평등을 포함해서 평등을 요구하는 힘들은 다양한 제도와 관습, 실천을 통해 전보다 훨씬 더 강화되었음이 분명하다. 이런 기념비적인 역사적 운동은 몇 가지 측면에서 전 세계적인 현상이었지만, 영국과 프랑스, 미국, 스칸디나비아 국가들, 네덜란드 등과 같은 민주주의 국가들에서 가장 두드러졌다.

토크빌은 『미국의 민주주의』*Democracy in America* 1권 서두에서 프랑스 보통 사람들 사이에서 조건의 평등이 "11세기 이래 50년 간격으로" 꾸준히 증가해 왔음을 지적했다. 이런 혁명은 그의 조국에서만 일어나고 있었던 것이 아니었다. 그는 "우리가 눈을 돌리는 곳 어디에서나, 전체 기독교 국가들을 가로질러 동일한 혁명이 계속되고 있음을 발견하게 될 것"이라고 썼다.

계속해서 그는 "조건의 평등이 점진적으로 발전해 가는 것은 …… 신성한 사실이며, 그것은 신의 섭리가 갖는 모든 특징을 갖고 있다. 즉, 그것은 보편적이고, 영속적이며, 모든 인간적 간섭으로부터 벗어나 있고, 그래서 모든 사건과 사람들은 끊임없이 평등의 발전에 기여하게 된다"라고 말했다.[9]

우리는 토크빌의 이 구절이 다소 과장된 표현이라고 지적할 수도 있다. 또한 몇 년 뒤 출판된 『미국의 민주주의』 2권에서 토크빌은 자신이 목격했던 민주주의와 평등이 가져온 바람직하지 못한 결과를 우려했다는 사실을 지적할 수도 있다. 그럼에도 불구하고, 토크빌은 민주주의와 평등의 지속적인 발전이 필연적이라는 점을 결코 의심하지 않았다. 오늘날 그가 살았던 시대로부터 진행되어 온 변화를 되돌아본다면, 그 시대에 토크빌이 그랬던 것처럼, 우리 역시 정치적 평등을 존중하고 발전시키려는 이념과 실천이 전 세계적으로 엄청나게 확산된 사실에 놀랄 것이다. 그리고 정치적 평등과 마찬가지로 인간 평등의 이념과 실천 역시 전반적으로 발전해 왔다는 사실은 놀라운 일이 아닐 수 없다.

이제 막 막을 내린, 지난 20세기 동안에 민주적 이념과 제도, 실천이 엄청나게 확산된 사실을 정치적 평등과 관련해 생각해 보자. 1900년 당시 완전하거나 어느 정도 독립국으로 인정할 만한 나라는 48개국이었다. 이들 가운데 단지 8개국만이 대의제 민주주의의 기본적인 제도를 갖추고 있었으며, 그중 뉴질랜드만이 여성의 선거권을 보장하고 있었다. 더군다나 이들 8개국은 세계 인구의 10~12퍼센트에 불과했다. 21세기 초인 오늘날 190여 개국 가운데 약 85개국이 보통선거권을 포함해 영국이나 서유럽, 미국과 비교할 만한 수준의 현대 대의제 민주주의의 정치제도와 실천을 보여 주고 있다. 이들 국가는 오늘날 세계 인구의 거의 60퍼센트를 차지하고 있다.[10]

우리 모두 잘 알고 있듯이, 영국에서 노동계급과 여성은 선거권을 갖게 되었으며, 이는 더욱 확장되었다. 중간계급과 중하층 계급, 노동계급 출신의 남성과 여성은 하원과 그 산하 위원회뿐만 아니라 내각, 심지어 수상의 지위에까지 오를 수 있게 되었다. 그리고 상원의 세습 귀족은 결국 과거의 지위를 상실하게 되었다. 미국에서도 여성에게 선거권이 부여되었고, 아프리카계 미국인의 투표권을 보장하는 1965년의 투표권법Voting Rights Act이 법률로 통과되었다. 이 법은 미국에서 실제 시행되고 있으며, 이에 따라 아프리카계 미국인들은 미국 정치의 주요 세력으로 자리 잡았다. 수많은 미국 원주민이 자신의 비참한 생활에서 벗어나 좀 더 나은 삶을 영위하게 되었다고 말할 수 있으면 좋겠지만, 이들에게 저질렀던 과거의 부당한 처사는 슬프게도 여전히 남아 있다.

비록 끊임없는 실패와 계속되는 장애들이 존재하지만, 평등에 대한 이념이 불평등을 만들어 내는 강력한 힘과 맞서는 데 있어 그저 무기력한 주장일 뿐이라고 생각한다면, 우리가 지난 두 세기에 걸쳐 성취해 온 인간 평등의 거대한 성과를 설명하지 못할 것이다. 그러나 아직 의문은 남아 있다. 정치적 평등을 가로막

는 수많은 장애물들이 여전히 남아 있다면, 우리는 어떻게 정치
적 평등의 발전을 설명할 수 있을까?

정치적 평등을 향한 운동의 간단한 개요

특권층이 압도적인 자원을 가지고 있음에도 불구하고 어떻게 정
치적 평등을 향한 변화가 가능했는지를 이해하기 위해, 그 과정
에 대한 개괄적 설명을 제시해 보겠다.[11]

특권은 교의를 통해 정당화된다

사회의 가장 특권화된 집단 — 정치적·사회적·경제적 엘리트
들 — 은 일반적으로 자신들의 우월성을 정당화하는 교의doctrines
에 경도되거나, 가능한 그런 교의를 [사회에_옮긴이] 강요하기까지
한다. 대체로 이런 교의는 그 자신 역시 상층계급의 구성원인 종
교적 권위체에 의해 뒷받침되거나 만들어진다. 유럽에서 "왕권
신수설"은 수세기에 걸쳐 군주의 지배를 정당화하는 데 이용되
었다. 철학자들 역시 엘리트 지배를 뒷받침하는 역할을 해왔는
데, 가장 잘 알려진 것은 플라톤Platon이다. 심지어 좀 더 온건한 입
장을 취했던 아리스토텔레스조차 정치적 평등이라는 신념에 대
해 특별히 공감하지 않았다. 다른 곳에서는 위계 구조와 특권이
공식 철학에 의해 정당화되기도 했는데, 유교는 중화제국에서

수천 년 동안 그런 지배적 위치를 차지했다. 최근의 전체주의 체제에서는 권력과 특권에 정당성을 부여하기 위해 교조주의적이고 무조건적인 이데올로기가 사용되었다. 소련의 마르크스-레닌주의, 이탈리아의 파시즘, 독일 히틀러의 나치즘이 그랬다.

엘리트 지배에 대한 하층계급의 회의주의

특권층의 엘리트는 대체로 자신들의 교의가 하층계급에게도 보편적으로 받아들여진다고 믿는다. 즉, '상층 집단'은 자신들이 누리는 특권을 '하층 집단'도 정당한 것으로 받아들인다고 생각한다. 엘리트들은 자신들이 누리는 특권을 당연한 것으로 확신하면서 자신들이 가진 우월한 권력과 지위에 정당성을 부여하는 주장을 강화하는 데 최선의 노력을 다하지만, 많은 하층 집단들은 우월 의식에 가득 찬 이들 특권계급이 자신들에게 부여한 열등한 지위가 실제로 정당한 것인지에 대해 의심한다.

제임스 스캇James Scott은 역사와 구조에 의해 그리고 엘리트들의 신념 체계를 통해 종속적 지위로 내몰린 사람들이 상층계급보다 지배 이데올로기에 훨씬 더 저항적이란 사실을 매우 설득력 있게 보여 주고 있다. 한 예로, 스캇은 다음과 같이 말한다. "인도의 불가촉천민들이 카스트제도를 정당화하는 힌두교의 교리를 부정하거나 혹은 달리 해석하고 무시한다는 것을 보여 주는 설득력 있는 증거들이 있다. 최하층인 지정 카스트*는 브라만 계급에 비해 카르마karma의 교리가 자신들의 현재 조건을 설명한다는 생각에 대해 훨씬 더 부정적이었다. 오히려 그들은 자신들의 처지를 가난과 신화적 교리에 내재해 있는 불공정함의 탓으로 돌린다."[12]

좀 더 호의적인 조건

하층 집단의 사람들이 엘리트들의 이데올로기를 노골적이거나 암묵적으로 부정한다는 것을 감안할 때, 이념이나 믿음, 구조, 세대 등의 일정한 조건이 변하게 되면 그들은 자신의 불만을 표출할 수 있는 새로운 기회를 갖게 된다. 여러 가지 이유로 영국인들은 17~18세기에 아메리카 대륙으로 이주한 식민지 주민들에게 자신들의 정치적·경제적·사회적 구조를 강요하지 못했다. 예컨대 대서양을 사이에 두고 멀리 떨어져 있었던 점, 식민지에서 토지에 대한 재산권을 쉽게 취득할 수 있었던 것, 상업과 금융에 있어서 새로운 기회를 가졌던 점, 독립 자영농·기업인·숙련공이 대규모 계층으로 발전할 수 있었던 것 등 식민지 아메리카와 본국 사이의 다양한 차이들로 말미암아 식민지 주민들은 그들이 영국에서 향유했던 것보다 훨씬 더 효과적으로 정치 활동에 참여할 수 있었다.

♣ 지정 카스트(scheduled castes)란 인도에서 교육 및 고용 부문 특별 지원 대상으로 지정된 계급을 말한다. 불가촉천민이 주로 이에 해당된다. 천민 출신은 지정 카스트와 지정 부족민(scheduled tribe)으로 나뉘며, 천민 출신 계급은 공공 기관, 대학 정원의 25퍼센트 정도를 배정받는 혜택을 받는다.

변화에 대한 압력의 증가

이런 새로운 기회가 주어진 상황에서 분노와 원한, 불의에 대한 인식, 개인과 집단이 가질 수 있는 좀 더 많은 기회에 대한 기대, 집단에 대한 충성심 혹은 여타의 동기들이 작동하게 되면서, 하층 집단의 몇몇 구성원은 사용 가능한 모든 수단을 동원해 변화를 향한 힘을 조직하기 시작한다. 예를 들어, 인도에 민주주의가 도입된 이후, 하층 카스트 구성원들은 재빠르게 자신들의 지위를 향상시킬 수 있는 새로운 기회를 포착하기 시작했다.

지배 계층 내부에서의 지지

지배 집단의 구성원 가운데 일부도 하층계급의 주장을 지지하기 시작한다. 특권층 내부에서 이들 하층계급과 연합하는 사람들 — 상층 집단 내에서의 이반은 불만에 가득한 하층 집단 때문에 일어난다 — 이 나타난다. 특권층의 이런 행동은 다양한 이유에서 비롯된다. 이를테면 도덕적 양심이나 동정심, 기회주의, 무질서에 대한 두려움, 재산권과 체제의 정당성에 대한 위협, 심지어는 혁명의 현실적 혹은 잠재적 가능성을 고려한 것일 수도 있다.

피지배 계층의 성취

이런 요소들로 인해 하층계급은 권력이나 영향력, 지위, 교육,

소득, 혹은 다른 이익들에서, 그리고 분명 이들 모든 이익들에서, 두드러진 성과를 얻게 되는 변화를 경험하게 된다. 예를 들어, 미국의 식민지 주민들 사이에 지방의회와 식민지 의회 선거에 참여할 수 있는 권리를 가진 백인 남성의 비율은 본국인 영국보다 훨씬 높았다.[13] 미국의 사례가 보여 주듯, 그런 성과는 결국 현실화되는데, 그 과정에서 폭력을 동반한 혁명을 통해 하층의 종속적 집단들이 특권층의 지배를 전복시키는 일이 나타나기도 한다. 그렇지만 많은 경우 변화는 좀 더 점진적이고 평화롭게 일어난다. 영국과 스웨덴, 그리고 다른 유럽 국가들에선 의회 법안을 통해, 그리고 미국에서는 헌법 수정 조항과 의회 법안을 통해 선거권이 확대되었다.

지난 수세기 이상 상당히 많은 국가들에서 일어났던 정치적 평등을 향한 변화를 설명할 수 있는 방식은 다양할 것이다. 하지만 내가 생각하기에 대부분의 경우 지금까지 살펴본 일반적인 요인들이 영향을 미쳤다고 본다.

3

정치적 평등이라는 목표는
현실적으로 실현 가능한가?

정치적 평등의 확대를 가져오는 정치 운동에 대한 나의 간략한 설명이 거칠게나마 옳다고 해보자. 그래도 다음과 같은 의문은 여전히 남아 있다. 실제로 정치적 평등을 확대하도록 특권계급과 하층계급을 추동하는 힘은 무엇인가? 왜 하층은 자신들을 지배하는 상위의 특권층과 정치적으로 동등한 자로서 대우받아야만 한다고 주장하는 것일까? 때로 사람들로 하여금 그런 요구를 추동하게끔 만드는 '인간 본성'이나 인간 능력에 어떤 특징들이 있는 것일까? 다음과 같이 가정해 보자. 즉, 정치적 평등은 기본적으로 윤리적 기반 위에서만 정당화될 수 있는 목표나 목적이지, 반드시 인간들 사이에 널리 퍼져 있는 현실적 조건에 대한 설명은 아니라고 말이다. 그렇다면, 우리는 정치적 평등을 향한 운동은 오직 윤리적 관심에 의해서만 추동되는 것이라고 가정해야 하는 것일까? 아니면 내가 앞서 다소 도식화된 시나리오로 설명했듯, '좀 더 근본적인' 어떤 동기가 정치적 평등을 추구하도록 인간을 추동하는 것은 아닌가? 다시 말해, 정치적 평등을 실제로 확대시키는 변화가 이루어지도록 사람들을 행동에 나서게 추동하는 힘은 무엇인가? 이성이나 이기주의, 이타주의, 동정심, 공감 내지 감정이입, 시기, 분노, 증오와 같은 것 가운데 어떤 것이거나, 아니면 이 모든 것과 관련되어 있는 것일까?

여기에서, 누군가는 왜 우리는 정치적 평등을 하나의 목표로서 추구해야만 하는가ought라는 질문과 왜 사람들은 실제로 그런 목표를 추구하는가do라는 질문을 (인식론적으로 그리고 존재론적으로) 구별해야 한다고 이의를 제기할 수도 있을 것이다. 나는 이런 반론이 타당하다고 생각한다. 우리는 데이비드 흄David Hume과 임마누엘 칸트Immanuel Kant와 같은 철학자들 덕분에, 인간이 어떻게 행동해야만 하는가를 말하는 도덕적 명제와, 인간이 실제로 어떻게 행동하는가 혹은 행동하는 경향이 있는가를 말하는 경험적 명제를 분명하게 구별하게 되었다. 이런 차이를 애매하게 하거나 간과하게 되면 '감상적 오류'pathetic fallacy✤ 에 빠지게 된다.

게다가 도덕적 의무라는 것이, 인간이 성취할 수 없을 정도로

✤ 목적의식을 가진 존재(인간)가 그것을 가지고 있지 않은 존재(자연)에게 자기의 것과 부합하는 목적이 있는 것처럼 가정하는 경향에서 비롯된 오류를 말한다.

인간 본성의 기본적인 특징들 — 특히 인간적 충동이나 감정, 정서 — 과 동떨어진 행위와 실천을 하도록 우리에게 의무를 부과한다면, 그런 도덕적 의무는 인간 행위와 아무런 관련이 없는 것이 될 것이다. "네 이웃을 사랑하라"는 매우 어려운 요구이긴 하지만, 인간의 근본적인 특성 — 사랑이나 연민, 감정이입, 그리고 공감에 대한 능력 — 을 끌어내어 우리로 하여금 때로 그런 요구에 복종하도록 만든다. 그러나 "모든 인간을 네 가족과 같이 사랑하라"라고 하면 그것은 인간이 성취할 수 없는 불가능한 행위를 요구하는 것이 된다. 정치적 평등을 추구하는 행위가 인간이 가진 어떤 기본적인 측면에 기반을 두고 일어나지 않는다면 부적절한 목표로 전락할 수도 있다.

내가 이런 문제를 제기하는 이유가 있다. 그것은 가장 탁월한 철학자들 가운데 일부가 정의나 공정함을 추구하는 힘으로서 인간이 가진 이성의 중요성을 지나치게 강조하고 있다고 보기 때문이다. 오히려 나는 실제 공정함을 추구하도록 만드는 것은 순수이성이 아니라 정서 내지 감정 그리고 열정이라고 생각한다. 이성은 정의로운 행동을 하는 데 이바지할 수 있다. 그것은 선한 목적을 위해 효과적인 수단을 선택하는 데 도움을 줄 수도 있다(분명 그렇다고 나는 생각한다). 하지만 인간을 행동하도록 만드는 것은 내가 이미 말했던, 동정심이나 시기, 분노, 증오와 같은 정서 내지 감정이다.[1] 흄은 거의 3세기 전에 이런 관점을 강력하게 주장했는데, 그는 "이성이란 열정의 노예이며 그렇게 되어야만 한다. 그리고 이성은 열정에 봉사하고 그것에 복종하는 것을 넘어서서 결코 어떤 다른 역할을 자처할 수 없다"[2]라고 말했다. 흄에게 인과관계에 관한 연역적 추론과 경험적 지식은 우리가 추구하는 목적이나 목표를 이루는 데 가장 효과적이거나 매우 효과적인 수단을 선택하는 핵심적인 도구였다. 그러나 흄이 주장했듯, 우리가 현실에서 추구하는 도덕적 목표나 윤리적 목표는 이성이 아니라 감정과 열정에 의해 추동된다.

순수이성만으로는 왜 불충분한가

몇몇 사람들에게, 인간의 행동은 이성이 아니라 감정이나 정서, 열정 — 무엇으로 부르던지 — 에 의해 추동된다는 견해는 증명이 필요 없는 매우 자명한 사실처럼 보일 수 있다. 아마 그럴 것이다. 사실 선하고 정당한 목적을 달성할 수 있는 것은 이성의 우월한 능력 때문이라고 주장하는 강력한 관점이 없었다면, 굳이 이 문제를 강조하지 않아도 되었을 것이다. 칸트는 인간 이성이라는 관점에 입각한 가장 극단적인 주장을 발전시켰다.

역사상 가장 위대한 철학자 가운데 한 사람인 칸트는 "존재"와 "당위"를 구별했으며, 이성이란 우리가 정의를 추구하는 데 있어 안내자로서만 기능할 수 있는 것이 아니라고 생각했다. 칸트가 보기에 이성은 우리가 도덕적 행위를 하도록 만드는 인간 본성의 유일한 요소다. 칸트는 『도덕 형이상학을 위한 기초 놓기』 *Groundwork of the Metaphysics of Morals*(1785)* 에서 "우리 모두가 인정하지 않으면 안 되는 것은, 법률[어떤 법칙_옮긴이]이 도덕적으로 유효하려면 그 절대적 필연성absolute necessity이 있어야 한다는 점이다. …… 결국 의무의 기반이란 인간의 본성도, 그가 서 있는 세계의 환경도 아닌, 오로지 순수이성이라는 개념의 선험성에서 찾아야 한다"라고 쓰고 있다.

칸트는 하나의 사례를 든다. "인간이 언제 어디서든 다른 사람을 돕는 것은 하나의 의무다. 그리고 이에 더해, 수많은 동정심들이 존재하는데, 이런 동정심이란 허영심이나 자기 이익과 같은 동기가 없이도, 자신의 주변에 행복을 퍼뜨리는 데에서 내적인 즐거움을 발견하면서, 다른 사람의 만족을 자신의 일처럼 즐거워할 수 있는 그런 기질이다. 하지만 그와 같은 경우라도 이런 동정적인 행위는, 그렇게 하는 것이 한편으로 옳고 한편으로 당연한 것이라 할지라도, 순수한 도덕적 가치를 갖는 것은 아니다."[3]

간단히 말해, 오로지 '이성'에 의해서만 추동된 것이 아니라면, 최근 몇 세기에 걸쳐 이루어진 정치적 평등을 확대하기 위해 노력했던 사람들은 도덕적으로 행동하지 않았다는 것이다![4] 그러나 다행히도, 인간의 행동에는 순수이성 그 이상의 무엇인가가 작동하고 있다.

✿ 국역본으로는 『도덕 형이상학을 위한 기초 놓기』, 이원봉 옮김, 책세상, 2002.

무지의 베일 뒤의 추론

분명 존 롤스John Rawls의 가장 독창적인 작업인 『정의론』*A Theory of Justice*(1971)[5]은 20세기에 이루어진 어떤 철학적 작업보다도 정의의 원칙에 심대한 영향을 미쳤다. 여기서의 짧은 요약만으로 그의 주장을 충분히 설명할 수도 없고, 더군다나 롤스의 정의론이 불러일으킨 엄청난 양의 논평과 영향력, 그것을 둘러싼 비판에도 불구하고,[6] 나는 롤스의 정의론이 서있는 인간 본성에 대한 가정에서부터 이야기를 시작하려 한다. 칸트와 달리, 롤스에게 인간이란 존재는 우리 주변의 평범한 동료 인간들 정도로 인식된다. 롤스는 다음과 같이 쓰고 있다.

> 나이 그리고 지적 능력의 소유와 상관없이, 개개 인간은 일상적인 사회 환경 속에서 정의감을 발전시키게 된다. 우리는 사물을 정의로운 것과 정의롭지 못한 것으로 판단하고 이성을 통해 이런 판단을 강화시킬 수 있는 기술을 획득한다. 게다가 우리는 이런 판단에 따라 행동하려는 일반적인 욕구를 가지고 있고, 다른 사람들에게도 이와 비슷한 욕구가 있다고 기대한다. 분명 이런 도덕적 능력의 문제는 전혀 간단치 않다. 우리가 내려야 할 판단의 수와 다양함이 거의 무한대에 가깝게 많다는 것을 지적하는 것만으로도 그런 도덕적 능력의 문제가 매우 복잡한 상황에 있음을 충분히 이해할 수 있다.[7]

계속해서 롤스는 일종의 가상적 현실로서 "원초적 상황"original position을 설정한다.

물론 원초적 상황이란 실제의 역사적 사태에 대한 상상이 아니며, 원시사회의 문화 환경에 대한 상상은 더더욱 아니다. 그것은 순수하게 가상의 상황으로 이해되어야 한다. …… 이런 가상의 상황이 보여 주는 핵심적인 특징은 어느 누구도 자신의 사회적 지위나 계급 위치, 또는 사회계층을 알 수 없다는 것이다. 마찬가지로 어느 누구도 타고난 자산과 능력의 배분에 있어서 자신의 운명과 지적 능력, 신체적 강인함 등을 알 수 없다. 심지어 내 생각에 그들은 자신들의 선에 대한 관념과 특별한 심리적 성향조차 알 수 없다. 정의의 원칙이란 이런 무지의 베일 뒤에서 선택된다.[8]

여기에서 롤스는 무지의 베일 뒤의 "이런 원초적 상황에서 정의의 두 가지 원칙이 선택된다"고 말한다. 두 가지 원칙이란 다음과 같다. "첫째, 각 개인은 다른 사람의 유사한 자유와 양립할 수 있는, 가장 광범위한 자유를 누릴 수 있는 동등한 권리를 가져야 한다. 둘째, 사회적·경제적 불평등은 다음과 같은 두 가지 조건하에서만 허용되어야 한다. ① 불평등이 모든 사람에게 이익이 된다고 합리적으로 기대되는 동시에 ② 그들이 맡을 수 있는 지위와 관직이 모든 사람에게 개방되어 있을 때다."

롤스의 관점에서 보면, 다음과 같은 주장은 당연한 것이다. 첫 번째 원칙에 따라 "시민권의 자유를 동등하게 누리는 것을 보장하게 될 것이다. …… 왜냐하면 공정한 사회의 시민이란 동등한 기본권을 갖고 있기 때문이다." 다시 말해, 첫 번째 원칙이란 시민들에게 정치적 평등을 허용하고 정치적 평등을 보장하는 데 필요한 모든 제도를 요구할 것이다. 비록 앞서 살펴본 두 번째 원칙이 어느 정도의 불평등을 허용한다 할지라도, "부와 소득의 분배, 그리고 권위의 위계 구조는 동등한 시민권의 자유와 기회의 평등이라는 두 가지 조건 모두와 일치되어야만 한다."[9]

따라서 롤스는 인간에 대한 칸트의 매우 협소한 관점보다 훨씬 더 현실적인 관점에 기반해서, 정치적 평등을 옹호하는 강력한 주장을 제기하고 있는 것이다. 롤스에게 정치적 평등이라는 목표는 이성을 통해 정당화되지만, 여기서 이성은 경험과 더불어 인간 본성의 기본적인 특징으로부터 유추된 도덕적 판단 능력의 도움을 받는 것으로 상정된다.

20세기 대부분의 철학자와 마찬가지로 롤스 역시 무엇이 사람들로 하여금 정치적 평등을 추구하도록 추동해 내는가에 대한 자신의 주장을 경험적으로 설명하는 과정에서, "당위"와 "존재"가 혼동되는 오류에 대해 너무나 잘 알고 있었다. 비록 롤스가 칸트에 비해 인간의 역량 내지 잠재적 능력에 대해 훨씬 잘 알고 있었고, 또 그것을 강력하게 옹호했음에도 불구하고, 여전히 우리는 우리를 괴롭히는 문제와 씨름하지 않으면 안 된다. (예컨대 아프리카계 미국인들이 시민적·정치적 권리를 위해 때때로 기득권 집단의 압도적 힘에 대항해 투쟁을 했던 것처럼) 실제로 사람들로 하여금 정치적 평등을 확대하기 위해 투쟁하도록 추동하는 요인은 무엇인가?

감정의 역할이 중시되어야 하는 이유

앞서도 말했듯이, 정치적 평등 — 예를 들어, 시민권과 참정권의 확산을 위한 투쟁 — 을 좀 더 확대하고자 현재 상황을 변화시키도록 사람들을 추동하는 동기들이란 이타주의나 동정심, 감정이입, 공감으로부터 시기나 분노, 분개, 증오에 이르기까지 다양하다.

흰목꼬리감기원숭이로부터의 단서

흰목꼬리감기원숭이Capuchin Monkeys를 대상으로 한 실험은 흥미로운 단서를 제공한다. 내가 '단서'라고 말하는 이유는 동물의 행태나 심지어는 좀 더 극단적인 예로 유전자나 염색체로부터 인간의 복잡한 행태나 인간 사회의 제도를 비약해 내는 환원주의적 단순함을 피하고자 하기 때문이다.[1] 그에 반해 흰목꼬리감기원숭이 실험은 개인이나 집단이 분배적 정의와 공평함을 추구하는 이유가 인류 진화의 오랜 과거로까지 거슬러 올라갈 수 있는 어떤 정서나 감정 때문일 수 있다는 가능성을 암시하고 있다.

암컷 흰목꼬리감기원숭이들에게 포도와 오이를 받는 대가로 실험자에게 조약돌을 건네도록 가르쳤다. 그 이전의 다른 실험을 통해 우리는 암컷 원숭이들이 이런 교환에서 대부분(90퍼센트) 오이보다는 포도를 선호함을 알 수 있었고, 음식과 교환하면서 조약돌을 건네주는 데 실패한 원숭이는 5퍼센트 미만에 불과했다. 우리 안에는 두 마리의 원숭이가 있었고 각각의 원숭이는 다른 원숭이가 두 종류의 보상 가운데 무엇을 받는지를 관찰할 수 있었다. 실험을 통해 볼 수 있었던 것은, 한 암컷 원숭이가 자신이 건넨 조약돌에 대한 답례로 오이를 받았는데 다른 원숭이는 좀 더 가치 있는 포도를 받는다면 이 원숭이는 조약돌을 건네주지 않거나 오이를 먹지 않는 식으로 반응한다는 것이다.

연구자들은 다음과 같은 결론을 내렸다. "인간은 이득이 어떻게 분배되는지 그리고 그 자신이 가진 것과 그 대신에 받을 수 있는 대안을 토대로 공평함을 판단한다. 흰목꼬리감기원숭이들 역시 자신이 받은 보상의 가치를 상대적인 관점에서 평가한다. 즉, 자신이 받은 것과 자신이 받을 수 있는 [다른_옮긴이] 것, 그리고 이를 위해 자신이 한 수고와 다른 원숭이가 한 수고를 비교한다.

원숭이들은 상대방이 더 좋은 결과물을 얻게 되면, 자신이 받는 보상에 대해 부정적으로 반응한다. 비록 우리가 가진 자료만으로는 이런 반응의 명확한 동기를 설명하기 어렵지만, 하나의 가능성은 인간과 유사하게 원숭이들도 사회적 감정을 갖고 있다는 사실이다. 경제학자들이 '열정'이라 불렀던 이 사회적 감정들이 노력이나 성취, 손해 그리고 다른 사람의 태도에 대한 인간의 반응을 주도하는 것이다."[2]

인간의 경우 ……

앞에서도 강조했듯이, 나는 흰목꼬리감기원숭이를 대상으로 한 실험 결과로부터 인간의 행태를 유추해 낼 수 있다고는 생각하지 않는다. 그렇지만 『뉴욕타임스』*New York Times*의 한 기자는 흰목꼬리감기원숭이 실험에 대한 기사에서 다음과 같이 쓰고 있다. "'불공평해!'*It's not fair*라는 외침은 아이들의 놀이터에서부터 다소 복잡한 형태를 띤 성인 모임에서도 공통적으로 들을 수 있다. 이제 원숭이 역시 공정성에 대한 감각을 갖고 있는 것으로 보인다."[3] 둘 이상의 자녀를 가진 많은 부모들 역시 똑같은 외침을 듣곤 하는데, 그런 외침은 대체로 자녀 가운데 불공평하다고 느끼는 쪽의 분노나 눈물, 혹은 다양한 감정의 자연스러운 표현을 통해 나타난다.

여기서 내가 말하고자 하는 바는 간단히 말해, 인간이란 다른 사람과 비교해 자기 자신에 대한 보상이 불공평하게 분배되는 데 대해 본능적으로 민감하게 느낀다는 것이다. 우리가 앞서 언급한 연구의 저자들처럼 이런 민감성을 불평등 혐오inequity aversion라고 부르든 아니면 질투심이나 시기와 같은 좀 더 세속적인 언어로 표현하든 간에, 불공평함이나 부정의에 대한 인간의 인식은 대개 강렬한 감정들을 불러일으키고는 한다. 기회가 주어지면 이런 감정들은 곧바로 행동으로 이어지게 된다. 그런 행동에는 "불공평해!"와 같은 즉각적인 언어적 표현에서부터 좀 더 공정한 분배를 위해 준비된 의도적 실천까지를 포괄한다. 그런 의도적 실천이란 평화적인 설득일 수도 있고, 아니면 폭력일 수도 있으며, 개별적인 행위거나 아니면 다른 사람과의 공동 행위일 수도 있다.

이성의 한계

인간이 비범한 추론 능력을 가지고 있다는 것은 분명한 사실이다. 그러나 이런 능력이 계발되고 사용되는 방식은 본성nature이 아니라 개인들 자신의 경험, 즉 후천적으로 길러지는 교육nurture에 의해 크게 좌우된다.

신경학자 안토니오 다마지오Antonio Damasio가 주장하듯, 이성이란 정서와 감정, 또는 학습과 경험으로부터 쉽게 분리될 수 있는 것이 아니다. 그에 따르면 감정이란 인간의 추론과 결정 과정에 내재된 부분으로 그 과정에서 분리할 수 없는 것이라 말한다. 전두엽 피질이 손상되거나 파괴된 사람들의 행위를 조사해 얻은 증거를 바탕으로, 그는 비록 이들이 지능지수^{IQ} 검사로 측정된 '지능'은 갖고 있지만 판단 능력은 상실한 사람들이라고 결론을 내린다. 그들의 경우 추상적인 '추론' 능력은 손상되지 않았다. 더군다나 그들의 '이성'이란 정서와 감정으로부터 완전히 분리되어 있음으로써 결과적으로 그들은 칸트가 말한 정언명령categorical imperative의 완벽한 주체라 할 수 있다. 그러나 다마지오에 따르면, 판단이란 인간의 신체 시스템에 저장되어 있는 '지식'과 경험을 토대로 이루어지는 것이다. 다시 말해 판단이란 그 이전의 경험에서 유래된 정서와 감정에 뿌리를 두고 있다는 것이다.[4] 추상적 이성이 작동한다고 해서 그것이 현실에서의 판단을 대체할 수는 없다. 지능지수 검사를 통해 측정된 높은 인지적 지능이란, 심미적 이해와 같은 형태의 지능이나 이해력뿐만 아니라 '사회적 지능'social intelligence✤과도 별개인 것으로 보인다.

사실 두뇌가 계발되는 방식은 경험에 크게 의존한다. 자연은 유전자의 형태로 우리에게 두뇌를 제공한다. 하지만 다마지오의 주장에 따르면, 유전자가 "두뇌의 전체 구조를 규정하지는 않는다. …… 유전자가 많은 구조적 특질들을 결정할 수는 있어도 그러나 그 밖의 많은 부분들은 오로지 살아 있는 유기체 자신의 활동에 의해서만 결정될 수 있다. 왜냐하면 유기체의 활동은 전 생애에 걸쳐 계발되고 지속적으로 변화하기 때문이다."[5] 다시 말

✤ 인간관계에서 타인을 이해하고 갈등을 원만하게 해결하거나 적절하게 대처하는 능력을 말한다.

해, 자연은 우리에게 두뇌를 부여한다. 그러나 그 두뇌를 만들어 가는 것은 우리의 경험(교육)이다.

감정이입과 공감

다른 많은 동물들처럼 인간 역시 순전히 자기 이익에 기초한 이기주의를 넘어서서 행동한다. 인간은 자신과 다른 사람들을 동일시 할 수 있는 능력을 가지고 있다. 따라서 다른 사람의 고통이나 행복을 자신의 고통이나 행복으로 강하게 느낄 수 있다. 더구나 다른 사람과 동일시할 수 있는 능력은 '자아'self라는 바로 그 관념 자체를 모호하게 만든다. 어머니가 오로지 자기 자신의 자아만을 생각하고 그녀가 사랑하는 자식들을 생각하지 않는다면 어떻게 될 것인가? 마찬가지로, 형이 자기 자신만을 돌보고 그가 사랑하는 형제, 자매를 돌보지 않는다면? 고령이거나 거동이 불편한 부모를 가진 자식들이 부모의 고통에 무감하다면? 이런 가정은 종족 자체의 생존을 위해 필수 불가결한 인간 본성의 기본적인 특징들 — 여기까지는 찰스 다윈Charles Darwin의 패러다임에 동의할 수 있다 — 을 무시하는 것이 될 수 있다.

분명 다른 영장류들 — 특히 침팬지와 보노보와 같은 인류와 비슷한 유인원들 — 도 감정이입을 하는 것이 사실이지만,[6] "다른 사람의 처지에서 생각할 수 있는" 능력은 특별히 인간들에게서 볼 수 있는 두드러진 특징이다. 여기에 덧붙여 우리의 유전적 자질, 즉 우리가 갖고 있는 내재적인 인간 본성은 우리에게 감정이입을 할 수 있는 능력 내지, 그것을 계발할 수 있는 잠재력을 부여한다.

감정이입과 마찬가지로 언어나 이성, 직관, 그리고 감정은 우리가 다른 사람들과 협력하는 방식, 다른 사람들과의 협력 속에서 조직과 제도를 만들어 내는 방식, 조직과 제도의 한계 내에서 활동하는 방식, 그리고 그런 조직과 제도를 수정하는 방식을 배우는 데 도움을 준다. 언어나 이성, 직관, 감정이입 그리고 감정이 개별적으로 존재하는 것만으로는 충분하지 않다. 이런 요소들 모두가 조직이나 복잡한 과정, 그리고 제도 내에서 인간이 협력해 나가는 데 반드시 필요하다.

감정이입의 한계

하지만 감정이입은 분명한 한계를 갖고 있다. 우리가 모든 인간들에게 똑같은 정도로 사랑이나 호의, 공감, 감정이입을 갖는다는 것은 불가능하다. 우리는 우리 삶의 중심에 있는 아주 소수의 소중한 사람들에게만 그런 느낌을 갖도록 되어 있다. 만일 사랑이나 감정이입을 할 수 있는 능력이 [우리와 관련이 없는 다른 사람들에게는_옮긴이] 급격히 줄어든다는 사실에 대해 의심이 든다면, 쉽게 테스트해 볼 수 있다. 이렇게 생각해 보자. 당신 가족의 일원이거나 가장 가까운 친구 한 명의 죽음을 막기 위해 당신이 기꺼이 할 수 있는 희생과, 알고 있는 사람이 한 명도 없고 당신이 사는 세계와도 멀리 떨어진 곳에서 홍수와 기아로 인한 수천 명의 죽음을 막기 위해 당신이 할 수 있는 희생을 비교해 보라. 아니면 당신이 느끼는 슬픔의 크기를 생각해 보라. 가족 가운데 한 명이 죽었을 때 느끼게 되는 슬픔과 먼 곳에 있는 생면부지의 사람 수천 명이 죽었을 때 느끼는 슬픔의 크기 말이다. 가족 한 명의 죽음으로 느끼게 되는 슬픔과 비교해 수천 배의 슬픔을 느끼는 것은 인간적으로 불가능하다. 내가 인간적으로 불가능하다고 말하는 이유는, 당신이 느끼는 슬픔이 그런 방식으로 배가된다면 당신의 삶은 문자 그대로 견딜 수 없게 될 것이기 때문이다.

누구든 솔직하게 자신을 성찰해 보면, 감정이입만으로 멀리 떨어진 타인을 위해 우리 자신의 행복이나 우리와 아주 가까운 사람들(아주 적은 수의 사람들)의 행복을 희생하는 데에는 한계가 있다는 것을 깨닫게 될 것이다. 여기서 나는 신다윈주의*적neo-Darwinian 추론에 고개를 끄덕이게 된다. 만일 우리가 (여타의 피조물은 물론이고) 다른 모든 인간들이 겪게 되는 고통에 대해 우리와 가장 가까운 몇몇 사람들이 겪는 고통만큼이나 큰 아픔과 정서적 불편함을 느끼게 된다면, 우리는 단지 개인으로서뿐만 아니라 하나의 종으로서도 생존하기 어렵다. 그런 점에서 감정이입의 한계는 살아 있는 생명체에게는 꼭 필요한 요소임이 분명하다.

이제 정치적 평등의 문제로 돌아가 보자. 인간이 타인의 기본권을 위해 행동하는 것을 순전한 이기주의만으로 설명할 수 없

✤ 다윈의 주장 가운데 후천적 획득 형질의 유전에 의한 진화론에 반대하는 이론으로 독일의 생물학자인 어거스트 바이스만(August Weisman)이 주창했다.

다면, 마찬가지로 감정이입만으로도 설명할 수 없다. 하지만 특정 시대나 공간에 따라서 이기주의나 감정이입, 공감, 합리성, 언어, 의사소통 등의 요소를 잘 조합한다면 일단의 인간 집단이 멀리 떨어져 있고, 알지도 못하며, 또한 알 수도 없는 타인들의 기본권(정치적 평등에 필수적인 기본권을 포함하는)을 보장하는 데 기여하는 문화와 제도(정치 문화와 정치제도를 포괄하는)를 형성하는 것이 가능할 수 있다.

특권계급의 기여

하층계급의 사람들이 정치적 평등을 위한 행동에 나서는 이유는 분명해 보이지만, 때로 특권계급의 사람들이 이를 돕기 위해 그들이 가진 권위와 리더십을 사용하는 이유는 무엇일까? 감정이입이나 공감 때문이라고 말할 수 없다면, 무엇 때문인가? 앞서 언급했듯이, 특권층은 대체로 폭력에 대한 두려움, 나아가 혁명에 대한 두려움 때문에 행동하게 된다. 자신들의 특권을 하층계급에게 최소한으로 양보하는 것보다 폭력이나 혁명에 직면하는 것이 분명 훨씬 비용이 많이 들기 때문이다.

　죠셉 햄버거Joseph Hamburger가 보여 주었듯이, 존 스튜어트 밀의 아버지이자 그 자신 역시 뛰어난 공리주의 철학자였던 제임스 밀James Mill은 선거권의 확대를 위해 (그리고 궁극적으로는 1832년 선거법 개정의 통과를 위해) 영국 과두정치의 지도자들 사이에 의식적으로 혁명에 대한 두려움을 조장하려고 노력했다. 그러나 제임스 밀 자신은 변화를 위한 수단으로서 폭력에 반대했기 때문에, "밀은 폭력 없이 근본적인 개혁을 완수하고자, 과두 집단이 자기 이익 추구에서 벗어나 양보하도록 만드는 수단을 고안해 낼 필요가 있었다. …… 오직 두 개의 대안만이 존재했다. 즉, '통치자에게 물리력을 가하는 저항의 방법을 통해 혹은 그런 폭력적 저항을 두려워하는 통치자를 순응시키는 위협의 방법을 통해 인민은 정부로부터 상당한 양보를 얻어 낼 수 있을 것이다.' 밀은 물리력의 사용만은 피해야 했기에, 두 번째 대안에 희망을 걸었다. …… 그는 혁명은 위협으로 끝나야 한다고 설명했다. 위협 그 자체만으로도 충분하며, 실제로 혁명을 실행해서는 안 된다고 생각했던 것이다."[7] 밀이 실현하고자 했던, 1832년 선거법 개정은 일련의 선거권 개혁의 첫 번째 성과였으며, 결국에는 성인 보통 선거권으로 완결되었다.

미국의 경우 혁명의 위협은 남부 흑인들에게 미국인으로서 정치 활동에 참여할 수 있는 권리를 갖게 해주었던 법안, 즉 1957년과 1964년의 민권법Civil Rights Act 및 1965년의 투표권법이 의회에서 통과되는 데 별 다른 역할을 하지 못했다. 1957년 민권법은 남부 상원 의원들이 아프리카계 미국인들의 투표권을 보장하기 위한 법안을 번번이 좌절시켰던 지난 한 세기의 투표권 역사를 종결시켰다. 상원 통과에 필요한 표를 얻기 위해 절충안이 채택되면서, 애초 법안의 취지가 약화되기는 했지만, 마침내 남부 흑인들에게 미국인으로서 정치 활동에 참여할 수 있는 권리를 부여했고, 10년 전 투표권 운동을 시작했을 때 요구했던 것의 상당 부분을 실현했다. 1957년의 이 역사적 변화(그 자체로는 매우 취약했던)는 상원 지도자 린든 존슨Lyndon Johnson이 발휘한 에너지와 정치 기술 없이는 성취될 수 없는 것이었다.[8] 훗날 대통령이 된 존슨[1963~69년 재임_옮긴이]은 1964년과 1965년에 좀 더 강력한 법안을 통과시키기 위해 자신이 가진 에너지와 정치 기술을 다시 발휘했다. 존슨이 그런 법안을 통과시키기 위해 흔들림 없이 노력할 수 있도록 뒷받침했던 그의 감정은 복합적인 것이었다. 아프리카계 미국인에 대한 그의 개인적인 감정은 혼란스러웠는데, 여기에는 감정이입 내지 공감이라는 요소와 텍사스라는 출신 배경에서 연유한 전형적인 남부인으로서 갖는 편견의 찌꺼기들이 혼재되어 있었다. 그럼에도 불구하고 그의 노력을 이끌어냈던 숨겨진 추동력은 부단한 정치적 야심 때문이었다. 존슨을 아는 사람은 그가 단지 아프리카계 미국인에 대한 공감만으로 그 법안들을 통과시키기 위해 엄청난 시간과 에너지, 그리고 정치 기술을 쏟아 부었다고는 생각하지 않는다. 존슨은 그의 전 생애를 통해 정치적 야심에 따라 행동했으며, 적어도 1950년대 이전부터 미국 대통령이라는 최고의 자리를 생각했다. 대통령이 되기 위한 존슨의 야심은 상원 다수당의 지도자로서 그를 움직이도록 추동했으며, 또한 의심의 여지 없이 대통령으로서 재선에 대한 야심은 1964년 민권법을 통과시키는 데 그의 정치 기술과 영향력을 사용하도록 만든 강력한 추동력이었다. 1965년 그는 자신이 꿈꿨던 대통령이 되었고, 그 후 '역사적 평가'를 받고

자 하는 욕망으로 인해 정치 기술과 영향력을 발휘하는 데 더 박
차를 가했다.[9]

정치적 평등의 성과

그 결과 엄청난 변화가 일어난다. 보통선거권의 확대와 기본권
에 대한 법적 보호가 효력을 갖게 되었으며, 피지배 집단의 지도
자였던 사람들도 공적 경쟁에 참여해 그들 가운데 일부는 공직
에 선출되었다. 법률과 정책의 변화 역시 뒤따랐다.

1832년 이후 영국의 중간계급이 하원에서 발판을 마련했듯,
1965년 이후 미국에서도 그런 변화가 나타났다. 아프리카계 미
국인들은 투표할 수 있는 기회를 획득했고, 이를 통해 가장 먼저
선출직 경찰 공무원들 가운데 그 전까지 하층계급을 폭력적으로
억압했던 자들을 쫓아냈다. 인도에서 또한 마찬가지였다. 하층
카스트들이 자유롭고 공정한 선거가 치러지는 지역에서 보통선
거권을 획득한 이래, 그들은 차별을 줄이기 위해 노력했던 지도
자에게 표를 던지기 시작했다. 따라서 "1890년대 초까지 정당들
은 상층 카스트들에 의해 지배되었지만 그 이후엔 …… 뉴델리
에서 권력을 획득하기 위해서는 새로 권리를 얻게 된 하층 카스
트 힌두교도들을 대표하는 작은 지방 권력의 도움을 받아야 하
는 경우가 많아졌다."[10]

최초의 승리로부터 정치제도로

인간을 다른 피조물과 구분하게 해주는 인간 본성의 여러 특징 가운데 하나는 협력에 대한 특별한 능력이다. 그로 인해 인간은 다른 어떤 피조물도 도저히 따라올 수 없는 복잡한 조직을 만들 수 있었다.[11] 물론 다른 종들(원숭이, 코끼리, 늑대, 개미, 벌 등) 역시 어느 정도의 협력을 가능케 하는 유전자가 없었다면, 거의 생존할 수 없었을 것이며 진화할 수도 없었을 것이다. 하지만 수백만 년 동안 인류는 유전적 진화 덕분에 규모와 복잡성이란 점에서 여타의 생명체들과 비교할 수 없는 특별한 협력의 체제를 구축할 수 있었고 실제 그렇게 해왔다.

인간은 복잡한 조직과 과정을 창출한다. 그뿐만 아니라 그런 조직과 과정을 습관이나 행태, 믿음에 단단히 뿌리박은 상당히 영속적인 제도나 관습으로 만들어 낸다. 이런 제도나 관습은 한 세대에서 다른 세대로 전수되며, 대체로 부분적인 수정이 이루어지곤 한다. 분명, 정치적 평등의 성과는 — 예컨대 새롭게 보통선거권을 획득한 집단의 투표권을 보호하고자 제정된 법률안을 집행하는 사법·행정 체계와 같은 — 영속적인 제도에 단단히 기반을 두지 않는 한, 일시적인 것에 불과할 수도 있다.

여기서 내가 하고자 하는 것은, 인간이 만들어 낸 체제를 구성하는 요소들이 제도화되고 나아가 최초의 개혁자가 애초에 기대했던 목표를 달성한 이후까지 지속되는 어떤 과정에 대해 설명하려는 것은 아니다. 다만 내가 강조하고 싶은 것은 이런 것이다. 정치적 평등을 향한 변화를 가져오게 만든 감정적인 충동 내

지 정서적인 추동력이 무엇이든, 그런 성취가 지속되기 위해서
는 뭔가 다른 정서적·인식론적 자원을 끌어올 수 있는 수단이 필
요하다는 것이다. 미국의 민권운동은 1950년대와 1960년대 엄
청난 성취를 이룬 뒤 그 열정을 잃어버렸지만, 그 성과는 최초의
주창자와는 다른 정치 기술과 정서를 가진 사람들이 참여해 만
든 사법제도와 관료제도를 통해 보호될 수 있었다.

결론

정치적 평등이란 (내 관점에서 보면) 달성하고자 끊임없이 노력해
야만 하는 이상이며, 우리에게는 이를 위해 행동에 나서야만 하
는 도덕적 의무가 있다. 물론 정치적 평등을 유지하는 데에는 아
주 거대한 장애물들이 존재한다. 더구나 우리가 정치적 평등이
라는 목표를 완전히 달성한다는 것은 영원히 불가능할 수밖에
없음도 분명하다.

특권계층이 자신들의 지위를 유지하기 위해 엄청난 노력을
기울이고 있음에도 불구하고, 정치적 평등이라는 목표를 달성하
고자 하는 노력은 매우 강력한 인간적 정서 내지 감정에 의해 추
동될 수 있다. 이런 인간적 감정은 불러일으켜질 수 있으며, 적절
한 수단을 선택하는 데 필요한 이성의 도움으로 정치적 평등이
란 성과를 가져올 수 있다.

지난 두 세기 동안, 전 세계에 걸쳐 이룩된 정치적 평등의 성

과는 그 이전의 모든 인류사를 통해 성취된 것을 넘어섰다.

민주화된 나라들에서 정치적 평등의 성취는 계속해서 확대될 수 있을까? 혹은 이미 우리가 할 수 있는 한계에까지 도달한 것일까? 아니면 더 나쁘게, 다음 세기에는 정치적 불평등이 확대되는 퇴행적인 변화가 나타나는 것은 아닐까?

5

정치적 평등, 인간의 본성 그리고 사회

정치적 평등을 가로막는 장애는 언제 어디서든 엄청난 힘을 발휘한다. 더구나 그런 장애는 매우 위압적이어서, 앞 장에서 살펴봤던 인간적 충동이 상대적으로 호의적인 역사적 조건 아래에서 동원될 때라도, 정치적 평등이라는 목표를 실제로 성취할 수 있는 범위는 다소 제한적일 수 있다. 역사적인 관점에서 보면 대단한 성과라 하더라도 이상적인 기준에서 볼 때는 그다지 대단치 않게 보일 수도 있다.

이 장에서 나는 몇 가지 근본적인 장애들에 대해 설명하려 한다. 이런 장애물들은 우리로 하여금 어떤 문턱을 넘어서지 못하도록 한다. 심지어 민주주의 국가들에서조차 그러하다. 내가 설명하려는 정치적 평등을 가로막는 장벽이란 다음과 같은 것들이다.

1. 정치적 자원, 기술, 그리고 유인의 [불평등한_옮긴이] 분배.
2. 더는 축소할 수 없는 시간의 한계.
3. 정치체제의 규모.
4. 시장경제의 확산.
5. 중요하지만 민주적이지 않은 국제 체제의 존재.
6. 불가피하게 발생하는 심각한 위기.

1. 정치적 자원, 기술, 그리고 유인

정치적 평등의 경향과는 직접적으로 충돌하는, 인간 본성과 인간 사회를 지배하는 근본 법칙이 있다.

정치적 자원이나 지식, 기술, 유인은 언제 어디서든 불평등하게 분배된다.

정치적 자원이란 한 사람이 다른 사람의 행위에 영향을 미치기 위해 사용할 수 있는 모든 수단을 가리킨다. 따라서 정치적 자원이란 돈, 정보, 시간, 이해력, 음식, 힘을 통한 위협, 직업, 우정, 사회적 지위, 효과적 권리, 투표 등 다양한 요소들을 포괄한다. 정치적 자원 가운데 오직 (내가 앞 장에서 설명했던) 민주주의에 필수적인 기본권들만이 민주주의 체제에서 평등하게 분배될 수 있다. 이런 기본권들 가운데 가장 확실한 것은 투표권이다. (성인의) 시민이 정치적으로 평등한 자로서 받아들여지려면 각 개인의 표는 다른 사람의 표와 평등하게 계산되어야만 한다. 입법부에서도 마찬가지다. 만일 선출된 대표들이 평등한 권리를 가지려면, 그들 역시 평등한 투표권을 가져야 한다.

민주주의 정치체제에서 시민이 투표권을 효과적으로 행사하기 위해서는, 공직자와 모든 시민들이 평등한 투표권을 존중하고 이를 시행하는 것이 의무가 되어야 한다. 그리고 모든 시민들은 투표권을 행사할 수 있는 적절한 기회를 가질 수 있어야 한다.

그러나 적절한 권리나 의무, 기회 등을 통해 평등한 투표권을 보장한다 하더라도, 모든 민주주의 체제에서 앞서 내가 열거했던 정치적 자원들은 불평등하게 분배되어 있다. 그렇다면 정치적 자원의 불평등한 분배는 자신의 이해관계, 목표 그리고 목적을 보호하고 달성하기 위해 자신의 표를 효과적으로 사용하려는 다양한 시민들 사이에서 능력의 불평등을 낳지 않을까?

정치적 자원이 불평등하게 분배되면, 자신의 목표를 성취하기 위해 정치적 자원(예를 들면 정치 지식과 정치 기술)을 효율적이거나 효과적으로 사용할 수 있는 시민의 능력 역시 불평등하게 분배될 수밖에 없다.

지식

공공 정책의 복합적인 성격으로 말미암아 일반 시민들은 자신의 이익이 무엇인지를 충분히 이해하기 어려울 뿐만 아니라, 때로 이해하는 것이 거의 불가능할 수도 있다. 공적 의제를 다루는 어떤 특정의 정책은 일반 시민의 이익을 증진하는 데 도움이 될까, 아니면 해가 될까? 이익과 불이익의 측면을 다 따져 보았을 때 결국 불이익보다는 이익이 되는 쪽일까? 혹은 그 반대일까?

문제는 시민의 이익을 협소하게 규정하느냐, 광범하게 규정하느냐에 달려 있다. 고전적인 관점에서 말한다면, 그런 특정 정책이 공익이나 공공선에 이바지하는가? 그런데 누가 공익이나 공공선이 무엇인지를 정의하는가? 현대적인 관점에서 말한다면, 그 정책은 특정 시민에게 또는 시민들이 매우 관심을 가지는 다른 누군가의 이해관계에 근본적으로 이익이 되는가, 아니면 해가 되는가?

1940년대 초 이래 수십 년 동안 대중의 사고방식과 여론에 대한 체계적인 조사에서 밝혀진 축적된 증거들에 따르면, 모든 민주주의 국가의 보통 시민들은 고전적 관점이나 현대적 관점에서 묘사된 좋은 시민good citizen에는 훨씬 미치지 못하는 것으로 나타났다. 정치에 관심이 많은 시민들은 소수에 불과하다. 투표하는 것을 제외하고, 특정 후보에 투표하도록 다른 사람들을 설득하거나 정당에서 활동하며, 정치 모임이나 유세에 참여하고, 정치조직에 합류하는 등 적극적으로 정치 활동에 참여하는 사람은 거의 없다. 쉽게 접근할 수 있는 뉴스와 정보의 홍수에도 불구하고, 정치 이슈와 후보에 대한 보통 시민들의 지식은 매우 빈약하다.

정치 기술

평범한 아테네인들은 웅변가로서 페리클레스^{Pericles}가 가진 연설 기술과 민회에서 투표하는 시민들에게 미치는 그의 영향력에 필적할 수 없었다. 영국 시민들은 윈스턴 처칠^{Winston Leonard Spencer Churchill}의 연설 기술을 따라갈 수 없었고, 미국인들은 프랭클린 루즈벨트^{Franklin Delano Roosevelt}의 연설 기술에 미치지 못했다. 정치 기술이란 연설 외에 훨씬 더 많은 것을 포괄한다. 린든 존슨은 위대한 연설가는 아니었지만, 자신이 갖고 있는 자원을 활용하는 데 뛰어난 기술을 가지고 있었다. 예를 들어, 존슨은 민권법의 통과와 시행으로 나타난 신기원적인 변화를 성취하는 과정에서 대단한 정치 기술을 보여 주었다.[1] 탁월한 정치 기술을 가진 사람은 '공공선'을 달성하는 데 정치 기술을 사용할 수 있을 뿐만 아니라, 자신의 개인적 목적을 달성하기 위해 다른 시민들에게 손해를 끼치면서까지 그 기술을 활용할 수도 있다.

유인

사람들이 정치적 영향력을 얻기 위해서는 정치 기술만큼이나 중요한 것이 있다. 그것은 정치적 결정에 대한 영향력을 획득하고 행사하는 데 정치 기술을 활용하려는 동기나 유인을 가져야만 한다는 사실이다. 비슷한 정치 기술을 가진 두 사람 가운데, 한 사람은 정치인으로 살아갈 수도 있고, 다른 사람은 완전히 다른 삶을 살 수도 있다. 린든 존슨은 성공한 변호사로 잘 살았을 수도 있다. 하지만 유년 시절부터 그는 정계에 입문해 궁극적으로는 대통령이 되고자 하는 야심을 가지고 있었다. 루즈벨트는 시골 신사로서 삶을 마칠 수도 있었다. 처칠은 영국 귀족 사교계의 친숙한 일원으로 삶을 마감했을 수도 있다.

많은 사람들은 정치적 결정에 대한 영향력을 얻는 데 필요한 적절한 자원, 기술, 유인을 가지고 있음에도 불구하고, 선출된 공직을 추구하지 않을 수도 있다. 대신 그들은 공무원이나 관료로서 정부에 대한 영향력을 획득할 수 있다. 아니면 로비를 하거나 자금을 제공하고, 공직자를 매수하고, 공적 여론을 움직이는 등의 다른 방식을 통해 영향력을 행사할 수도 있다. 실제로 잘 알려진 수많은 저명한 이론가들은 민주주의 국가(혹은 이들 이론가들이 의사 민주주의pseudo-democracies로 부르곤 했던 국가들)에서조차 엘리트가 언제나 정치적 삶을 지배한다고 주장해 왔다. 이들 엘리트 — 특히 경제 엘리트 — 는 외부로 드러나지 않거나, 보이지 않는 영향력을 갖고 있다고 할 수 있다.[2]

여기서 정치적 영향력이 민주주의 국가에서 어떻게 분배되는지에 관한 일반 이론을 제시하려는 것은 아니다. 내 주장의 핵심은 간단할 뿐만 아니라 자명한 것인데, 그렇다고 해서 결코 덜 중요한 것은 아니다. 내가 말하려는 핵심은 이렇다. 정치적 자원, 기술, 유인은 언제 어디서든 불평등하게 분배된다.

2. 시간의 한계

인류사를 통해, 모든 사회의 사람들은 대부분 결사체에 속한 다른 사람의 결정에 영향을 미치기 위해 상당히 많은 시간을 보낸다. 그들은 결사체가 자신의 삶에서 중요하다고 생각하는데, 그런 결사체에는 가족이나 친족, 직장, 이웃, 회사, 전문가협회, 노동조합, 클럽, 교회 같은 것이 포함된다. 이런 의미에서 보면 영향력이나 권력, 권위의 행사는 인간의 전 생애에 걸쳐 이루어지며, 그런 의미에서 '정치'는 보편적이라고 할 수 있다.

하지만 사람들이 특정 국가의 정부에 영향을 미치기 위해 많은 시간을 바치는 것은 쉬운 일이 아니다. 실제로 인간의 역사에서 대부분의 사람들은 자신을 지배하는 특정 국가의 정부에 영향을 미칠 수 있는 기회를 거의 갖지 못했다. 그러나 19세기와 20세기에 대중이 선출한 정부 — '민주주의' — 의 등장과 확산 그리고 시민권과 보통선거권의 확대로 말미암아, 성인의 절반 혹은 그 이상의 사람들이 자신이 복종해야 할 의무가 있는 법률과 정책을 가진 특정 국가의 정부가 내리는 결정에 영향을 미치는 데 평화적으로 참여할 수 있는 권리와 기회를 갖게 되었다. 하지만 우리가 쉽게 발견하게 되는 것은, 민주주의 국가에서조차 매우 소수의 사람들만이 정치적 영향력을 추구하고 행사하는 데 많은 시간을 사용하는 반면, 대다수의 시민은 그렇지 않다는 사실이다.

시간은 부족하고 자원은 한정되어 있기 때문에, 한 사람이 특정 행위를 하는 데 시간을 사용한다는 것은 필연적으로 다른 활동을 할 수 있는 시간을 줄이는 것이 된다. 삶이 갖는 이런 움직일 수 없는 사실은 정치적 평등에 대해서도 어느 정도 불가피한 결과들을 가져올 수밖에 없다.

1) 정치적 영향력을 얻기 위한 행동에는 시간이 필요하다. 정치적 영향력을 획득하는 데 사용하는 시간의 비용과 이득을 사람들은 각자 다르게 평가한다. 기꺼이 더 많은 시간을 사용하는 사람일수록 정치적 결정에 좀 더 큰 영향을 미칠 수 있다. 따라서 모든 사람이 동일한 시간을 갖고 있지만, 각각의 시민들이 동일하지 않은 시간을 사용하면 정치적 영향력에서 차이가 나타나게 되고, 그 결과 시민들 사이에 정치적 불평등이 초래된다.

2) 정치 단위의 규모가 작아서 시민이 정치적 결정을 내리는 데 직접 참여할 수 있다 하더라도, 참여하는 데 들어가는 시간의 비용과 이득을 각자 다르게 계산한다면, 시민들 사이에서 정치적 불평등이 나타날 수밖에 없다. 아테네 민주주의가 꽃을 피웠던 기원적 5세기에도 "실제로는 전체 시민 가운데 일부만이 참여했다."[3] 시민의 수가 증가하면 할수록, 각 개인이 정부의 결정에 직접적으로 참여하는 데 필요한 총 시간도 증가하기 때문에 곧 대부분의 시민들이 (회합에만 참석하더라도) 충분히 참여할 수 없는 어떤 지점에 이르게 된다. 시민이 타운 회의town meeting에서 발언할 수 있는 권리에 대해 생각해 보자. 발언권을 행사하려는 시민의 수가 증가하면 할수록, 시간의 비용 역시 가파르게 증가한다. 20

명의 시민이 모인 정치 단위에서, 각각의 시민이 10분 동안 발언 권을 얻게 된다면, 타운 회의에는 200분 혹은 3시간 이상이 필요 하게 된다. 50명이 모인 정치 단위에서 각각의 시민이 10분 동안 의 발언 기회를 얻기 위해서는 꼬박 8시간이 필요하다. 5백 명의 시민들이 모인 정치 단위에서는 80시간 이상이 필요하게 된다! 민주적인 정치 단위에서 시민들의 수가 증가하면 할수록, 직접 적인 참여를 위해 필요한 시간의 비용은 불가능한 수준까지 빠 르게 올라가게 된다.

　모든 시민이 법을 제정하는 데 직접 참여할 수 없을 정도로 정치 단위의 규모가 커지게 되면, 시민들은 세 가지 대안에 직면 하게 된다. 첫 번째 가능성은, 예컨대 20명 이상의 시민으로 구 성된 민주적인 정치 단위는 좀 더 작은 단위로 쪼개는 것인데, 대 부분의 경우 이는 실질적인 해결책이 되지 못한다. 두 번째 가능 성은 시민의 공식적·비공식적 동의를 통해, 민회citizen's assembly에서 발언할 수 있는 사람들의 수를 제한하는 것이다. 이런 해결책을 통해 시민들은 타운 정도의 작은 정치 단위에서 비교적 높은 수 준의 정치적 평등과 민주적인 정책 결정을 지속할 수 있을지 모 른다.[4] 그러나 특정 정치 단위에서 시민의 수(영토의 규모가 아닌) 가 지속적으로 증가해 시민이 실제적으로 직접 참여할 수 있는 비율이 점점 작아지게 된다면, 이런 조치마저도 비현실적인 것 이 될 수밖에 없다. 이런 규모의 문제를 해결할 수 있는 분명한 방법은, 시민들이 좀 더 적은 수의 대표들을 선출하여, 그들로 하 여금 정치 단위의 모든 구성원을 대신해 정책을 결정하는 데 좀 더 많은 시간을 바치도록 하는 것이다. 물론 이런 세 번째의 해결책은 모든 민주주의 국가에서 채택되었다. 사실상 시민은 대표에게 정책을 결정하도록 자신들의 권위를 위임한다.

이상에서 보듯, 우리는 정치적 평등의 가능성과 관련해 다음과 같은 또 다른 한계에 직면하게 된다.[5]

시간과 수의 법칙 : 민주적인 정치 단위에 속하는 시민들의 수가 많으면 많을수록, 정부의 결정에 직접 참여할 수 있는 시민의 수는 [상대적으로_옮긴이] 점점 줄어드는 반면, 다른 사람에게 권위를 위임해야만 하는 시민의 수는 점점 늘어난다.

3. 규모의 딜레마

정치 단위의 '규모'와 관련해, 우리는 몇 가지 서로 다른 차원들을 생각할 수 있다. 예를 들어, 전체 인구나 성인 시민의 수, 혹은 정치 단위가 점유하고 있는 영토의 크기를 생각할 수도 있다. 모든 특정 정치체제에서 이런 요소들은 상호 관련이 있다. 만일 정치체제가 통제할 수 있는 영역이 점차 확대된다면, 그 정치체제에 속하는 사람들의 수는 (반드시 그런 것은 아니지만) 증가할 것이고, 성인 시민의 수도 마찬가지로 늘어날 것이다. 앞으로의 설명에서 나는 영토의 규모와 전체 인구는 무시한 채, (그저 '시민'이라고 표현할) 성인 시민의 수에 집중할 것이다.

시간과 수의 법칙은 다음과 같은 결과를 필연적으로 산출한다.

규모의 딜레마 : 민주적인 정치체의 규모가 작으면 작을수록, 시민이 참여할 수 있는 잠재력은 점점 커지며 시민이 대표에게 정부의 결정을 위임할 필요는 점점 줄어든다. 정치체의 규모가 크면 클수록, 시민들에게 영향을 미치는 중요한 문제를 해결할 수 있는 정치체의 능력은 점점 커지는 동시에, 시민이 대표에게 결정을 위임할 필요성도 점점 커진다.

규모의 증가가 정치적 평등에 미치는 잠재적인 역효과를 다루기에 앞서, 매우 중요한 예외를 지적하고 싶다. 만일 시민의 수의 증가가 성인 인구 가운데 시민권에 대한 완전한 권리를 가진 사람의 증가 — 예를 들어, 보통선거권의 확대 — 때문이라면, 그것이 정치적 평등에 미치는 순효과는 시민의 수가 증가함에 따라 나타나는 모든 역효과(아래에서 살펴볼)를 상쇄하고도 남을 것이다. 앞으로의 설명에서는 모든 성인이 시민인 상황에 초점을 맞추기 위해 이런 가능성은 무시할 것이다.

아주 작은 규모의 정치 단위를 제외하고, 시민들은 다른 사람들 — 집행부나 행정 관료, 의제 설정자, 판사 등의 역할을 하는 사람들 — 에게 상당한 정도의 권위를 위임해야만 한다. 예를 들어, 고대 아테네에서 시민들은 민회의 회합에서 의제를 설정하는 자신들의 권위를, 추첨에 의해 선출된 500인 평의회[Boule]에 위임했다. 뉴잉글랜드 지역의 타운 회의에서, 중요한 권위는 운영위원회 — 예를 들어, 코네티컷에서는 행정위원회[Board of Selectmen]라고 부르는데, 여기서 제1의 행정위원[First Selectman]인 위원장은 사실상 시장이 맡는다 — 에 위임된다. 대도시나 도, 광역 지역, 그리고 미국의 주, 국가 혹은 국제기구와 같은 좀 더 큰 정치체제에서, 행정적 결정이나 사법적 결정을 내리는 권위는 완전히 위임된다.

위임된 대표delegates는 일반 시민보다 결정에 직접적인 영향력을 행사할 수 있는 더 큰 기회를 갖고 있기 때문에, 그들의 권위는 정치적 평등의 문제를 안고 있다. 어떻게 유권자들은 선출직 대표와 임명직 대표들이 자신들의 입장이나 이익, 아니면 적어도 시민 다수의 입장이나 이익을 정확하게 대표할 수 있는 정책들을 엄밀하게 추구할 것이라고 확신할 수 있을까? 다시 말해, 어떻게 시민들은 자신들의 대표에게 완전한 책임성을 부과할 수 있을까?

선출된 대표에게 권위가 위임될 때조차, 규모의 문제는 계속해서 영향을 미친다. 정치 단위의 규모가 증가하게 되면, 공공 정책의 수와 복잡성 또한 증가하기 쉬우며, 이에 따라 시민이 갖춰야 할 지식도 점차 그들이 가진 지식의 한계를 넘어서게 된다. 한 시민이 5백 명이나 5천 명의 주민이 살고 있는 마을에서 발생하는 이슈를 이해하는 것과, 10만 명이나 100만 명, 1억 명의 시민이 사는 정치 단위에서 발생하는 정치적 이슈를 충분히 이해하는 것은 전혀 다른 문제다.

정치 단위의 규모는 대의 기구에 복무하는 사람의 수에 대해서도 현실적인 한계를 부과한다. 그리고 대표의 수는 시간과 상관관계에 있다. 즉, 각각의 대표가 대표하는 시민의 수가 많으면 많을수록, 한 명의 대표가 시민과 직접적으로 만나거나 아니면 우편이나 전화, 전자우편 같은 전자 수단을 통해 간접적으로 만

국가	전체 의원 수	전체 하원 수	인구(백만)	하원 1명당 인구
오스트레일리아	226	150	19.9	132,754
오스트리아	245	183	8.2	44,671
벨기에	221	150	10.3	68,989
캐나다	413	308	32.5	105,545
프랑스	923	577	60.4	104,721
독일	672	603	82.4	136,691
인도	793	545	1,065.0	1,954,258
이탈리아	945	630	58.1	921,55
일본	722	480	127.3	265,277
멕시코	628	500	105.0	209,919
스페인	609	350*	40.2	114,857*
영국	1,259	659	60.3	91,458
미국	535	435	293.0	673,627
평균	630	421	151.0	310,430

자료 : The CIA World Factbook, http://www.cia.gov/cia/publications/factbook.

✤ 원문에는 스페인의 하원 수가 상원 수 259명으로, 하원 1명당 인구는 155,524로 오기되어 있어 바로 잡았다._옮긴이

날 수 있는 시간은 점점 줄어든다. 현대의 대의 기구에서 모든 대표들이 실제로 그렇게 하듯, 대표는 유권자와의 의사소통을 쉽게 하기 위해 상근 직원을 두고 있다. 하지만 그럴 때조차 시간과 수의 문제는 [대표와 유권자 간의_옮긴이] 효과적인 상호 교류를 상당히 어렵게 만든다.

현대 민주주의 국가들에서 의회의 규모는 나라마다 상당히 다르지만, 민주주의 국가들에서 한 명의 의원이 대표하는 사람들의 수는 엄청나다(〈표 5.1〉).

미국인들은 약 67만3천 명당 1명의 의원을 선출한다. 독일은 약 13만7천 명당 1명을 뽑는다. 가장 극단적인 국가는 인도로 그 비율은 거의 2백만 명당 1명에 불과하다. 아주 작은 민주주의 국

가에서조차 규모의 한계를 피하기 어렵다. 그 결과 민주주의 국가의 의원들은 가장 최신의 기술을 가지고도 매우 극소수의 유권자들하고만 심도 있고 폭넓은 의견을 나눌 수 있다.

여기서 내가 말하려는 초점은 정치체제의 규모를 확대하고 권위를 위임하는 것이 바람직하지 않다는 것이 아니다. 오히려 모든 것을 고려해 볼 때, 그 두 가지는 매우 바람직할 수 있다. 그러나 정치체제에 속해 있는 사람들의 수의 증가라는 규모의 딜레마 때문에, 우리는 모든 시민의 정치적 평등을 가로막는 장애물을 불가피하게 만들어 낼 수밖에 없다는 것이다.

4. 시장경제의 존재

재화와 용역의 분배를 위한 주요 제도로서 시장경제의 존재는, 정치체제의 규모를 증가시키는 주요한 힘이다.

19세기와 20세기의 대부분의 시간 동안 많은 지식인과 정치가, 노동자 등은 시장경제에 대한 몇 가지 대안들을 지지했다. 그 대안이란 경제 기업을 국가가 소유하고 관리하는 공사로 전환하거나 아니면 노동자나 소비자가 소유하고 운영하는 협동조합으로 바꾸는 것이었다. 이런 사회주의적 관점에서 볼 때, 자본주의 체제에서 주로 시장에 의해 정해지던 결정(예를 들어, 가격·임금·생산물)은 전적으로 혹은 부분적으로 정부 공직자들에 의해 내려지거나 아니면 시장의 역할을 대신하는 또 다른 대안에 의해 내려지게 된다.[6] 물론 사회주의자들의 강령적 제안이나 자본주의 비판을 과감하게 단순화해서 보면 그렇다는 것이다. 하지만 내가 말하려는 핵심은 20세기가 끝나기도 훨씬 전에 시장 자본주의에 대한 이런 대안들이 공적 의제에서 사라져 버렸다는 사실이다. 그것들은 (사회당, 사회민주당과 같은) 중도좌파 정당들의 이름 아래 역사적 유산으로만 남아 있다. 이들 중도좌파 정당들은 그들이 초기에 꾸었던 사회주의나 공산주의 사회에 대한 꿈을 포기했을 뿐만 아니라, 오늘날 선진 민주주의 국가의 그 어떤 유력한 정당도 "생산수단의 사회적 소유"라는 사회주의적 목표를 향한 운동을 사실상 지지하지 않고 있다.

사회주의자나 중앙집권적 계획경제의 지지자, 그리고 시장을 완전하게 혹은 상당 정도 일종의 비시장경제로 대체하고자 했던 사람들의 생각과는 달리, 비시장경제는 매우 비효율적이었다. 그뿐만 아니라, 비시장경제에서는 경제적 결정을 통제할 수 있는 권력이 필연적으로 정부의 손에 놓일 수밖에 없었기 때문에, 비시장경제는 지도자에 대한 민주적 통제와 양립하기 어렵다는 것이 20세기의 경험을 통해 매우 분명하게 드러났다. 반면에, 현대의 시장경제에서는 셀 수 없이 많은 결정이 무수히 많은 행위자들에 의해 내려진다. 각각의 행위자는 다른 행위자에 대해 상대적으로 독립적이며, 아주 협소한 자기 이익의 관점에서 행위한다. 그들의 행위는 시장이 제공한 정보에 의해 이끌리며 지금까지 알려진 어떤 대안들보다 훨씬 더 효율적으로 재화와 용역을 생산한다. 그 규칙성과 질서정연함은 진정으로 놀랄 정도다.[7]

더구나 [시장은_옮긴이] 탈중앙집중화된 결정을 통해, 거대 기업이 중앙 통제 경제 아래에서 고도로 중앙집중화된 권력으로 변하는 것을 방지한다. 이런 특징들뿐만 아니라 여타 다양한 특징들로 말미암아 시장경제는 수많은 권위주의와 전체주의 국가의 특징인 중앙집중화된 국가계획 경제체제보다 민주주의와 더 잘 어울리게 된다.

하지만 이런 모든 장점과 동시에, 시장경제는 민주적인 질서 내에 항구적인 문제를 초래하는 두 가지 역효과를 가져온다.

첫째, 규제가 없다면 — 그리고 규제가 있다고 하더라도 — 시장경제는 불가피하게 그리고 거의 항구적으로 몇몇 사람들에게 그리고 때로는 수많은 사람들에게 손해를 끼친다. 시장경제에서 끊임없이 발생하는 역동적인 변화는 다음과 같은 여러 가지 해악들을 만들어 낸다.

- 실업
- 고용이 비숙련 일자리에서만 이루어지는 문제
- 궁핍화
- 빈곤의 지속
- 주택 감소에서 노숙에 이르기까지 부적절한 주거 문제
- 작업 환경의 악화로 인한 질병이나 신체적 장애, 사망
- 자존심, 자신감, 자존감의 손상
- 구직으로 인한 이사 때문에 이웃이나 친구를 잃게 되는 문제

둘째, 시장경제(적어도 자본주의 시장경제)는 불가피하게 시민들 사이에서 획득 가능한 자원을 둘러싸고 엄청난 불평등을 만들어 낸다. 이런 불평등은 단지 소득과 부뿐만이 아니라, 직간접적으로 정보나 지위, 교육, 정치 엘리트에 접근할 수 있는 기회, 그리고 많은 다른 요소들로까지 확대된다. 내가 설명했듯, 이런 자원들은 모두 손쉽게 정치적 자원으로 전환될 수 있으며, 다른 사람에 대한 영향력이나 권위, 권력을 획득하는 데 사용될 수 있다. 정치적 자원의 불평등을 가져오는 그 밖의 다른 원천들도 시장경제가 가져오는 자원의 불평등과 매우 복잡하게 얽히게 된다.

민주주의 정치제도들은 시장경제에서 상처를 입은 사람들이 변화를 추구하는 것을 가능하게 하고 때로 그들에게 일정한 성공을 가져다주기 때문에, 자유 시장과 정부 규제 간의 경계는 끊임없이 유동한다. 더구나 결코 사회주의를 지지하지 않았던 오토 폰 비스마르크Otto Eduard Leopold von Bismarck의 주도로 독일에서 처음 제정되었고 20세기 동안 모든 선진 민주주의 국가(뒤늦게 미국에서조차)에서 널리 채택되었던 정책적 조치들은, 규제되지 않은 시장 자본주의에 내재된 잔인함과 무자비함을 현저하게 감소시켰다. 이런 복지국가적 조치들은 자본주의 시장경제가 가장 취약한 사람들에게 미치는 무자비한 효과를 감소시킴으로써 역설적이게도 비시장 사회주의 국가에 대한 지지를 훨씬 더 약화시켰다.

지금까지의 이야기를 요약하면 다음과 같다. 시장경제는 불가피하게 그리고 빈번히 일부 시민에게 심각한 해악을 끼친다.

시장 자본주의는 시민들 사이에 자원의 불평등을 확대시키기 때문에, 불가피하게 민주주의 국가의 시민들 사이에 정치적 불평등을 초래한다.

그럼에도 불구하고 현대 민주주의 국가는 시장 자본주의적 경제를 대체할 수 있는 현실 가능한 대안을 갖고 있지 못하다.

5. 필요하지만 민주적이지 않은 국제 체제

국제 체제와 정치적 평등 사이의 관계는 다음의 세 가지 단순한 명제로 요약될 수 있다.[8]

- 국제 체제는 민주주의 국가의 시민들에게 중요한 결과를 초래하는 결정을 내린다.
- 국제 체제가 만들어 내는 수많은 결정은 상당히 바람직한 결과를 이끈다.
- 하지만 국제 체제의 결정은 민주적으로 내려지지 않으며, 또 민주적으로 내려질 수도 없다.

첫 번째 명제는 의심의 여지가 거의 없다. 몇 가지 예로, 유럽 연합EU이나 국제통화기금IMF, 세계은행World Bank, 국제노동기구ILO, 북미자유무역협정NAFTA, 북대서양조약기구NATO, 미주기구OAS, 국제 연합UN, 국제연합개발계획UNDP, 세계보건기구WHO 등을 생각해 볼 수 있다.

여기에 세계적 기업과 세계시장이 갖는 중요한 결과를 추가해 볼 수 있다.

두 번째 명제에 대해서도 의심할 사람은 많지 않을 것이다. 비록 그들이 특정의 결정이나 결과, 조직, 기구에 대해서는 바람직하지 않다고 격렬히 반대한다 하더라도 국제 체제 전체를 두고는 이 명제를 받아들일 것이다.

그러나 세 번째 명제가 맞는다면, 우리는 민주주의에 대한 나아가 정치적 평등에 대한 심각한 도전에 직면할 수밖에 없다.

국제 체제에서 이루어지는 결정과 관련해서, 내가 염두에 두고 있는 것은 집합적 결정에 도달하기 위한 네 가지 기본적인 사회정치적 과정이다. ① 위계 구조hierarchy에 따른 결정, 즉 지도자들에 의한 통제, ② 협상bargaining에 따른 결정, 즉 지도자들 사이의 통제, ③ 가격 메커니즘price system에 따른 결정, 즉 지도자들에 의한 통제이면서 동시에 지도자들에 대한 통제, 그리고 ④ 민주주의democracy에 따른 결정, 즉 지도자들에 대한 통제가 그것이다.[9]

물론 이런 네 가지 사회정치적 과정들은 고도로 단순화되고 추상화된 유형들이다. 현대 민주주의 국가에서 그 어떤 사회정치적 과정도 순수한 형태로 존재하거나 다른 유형의 과정과 고립된 형태로 존재하지는 않는다. 실제로, 우리가 구체적인 체계들을 좀 더 면밀히 관찰하고 묘사하면 할수록, 앞서 이론적으로 구별했던 네 가지의 사회정치적 과정들이 더욱 복잡하게 상호작용하면서 작동한다는 것을 알 수 있다. 그럼에도 불구하고 내가 생각하는 기본 관점은 다음과 같은 것이다. 즉, 국제 체제에서 이루어지는 정책 결정 과정은 대체로 위계 구조, 엘리트 간의 협상, 가격 메커니즘을 통해 이루어진다는 것이다. 반면에, 정책 결정자에 대한 효과적인 민주적 통제는 철저하게 결여되어 있거나 매우 부적절하고 약하게 존재한다는 것이다.

따라서 다음과 같은 질문을 던져 볼 수 있다. 우리는 국제 체제에서 현대 대의제 민주주의의 기본적인 정치제도들 — 예를 들어, 민주주의 국가들이 구비하고 있는 수준에 상응할 만한 — 이 발전하는 것을 기대할 수 있을까? 몇 가지 이유에서 그 대답은 회의적일 수밖에 없다.

- 첫 번째 이유는, 민주적인 정치제도란 의도적으로 만들어질 수밖에 없기 때문이다. 다시 말해 민주적인 정치제도란 자연 발생적이거나 다원주의적인 진화의 형태로 만들어지지 않는다는 것이다. 비록 유럽연합과 같은 예외들이 가능하더라도, 일련의 체계를 갖춘 민주적 제도가 국제기구에 도입될 것이라고 생각하기는 사실상 어렵다. 예를 들어, 세계은행이나 세계무역기구의 결정이 어느 날 그 결정에 영향을 받는 국가의 국민에 의해 직접 선출된 대표들로 구성된 입법부를 통해 만들어질 것이라고 상상하는 것은 거의 정신 나간 일이다.
- 두 번째 이유는, 국제 체제는 규모의 딜레마를 더욱 악화시키기 때문이다. 만일 규모가 큰 나라들이 정치적 평등을 최

대한 제한하고 있다면, [규모가 더 큰_옮긴이] 국제 체제는 더
욱 제한적이게 될 것이다.

- 세 번째 이유는, 역사적 경험이나 정체성, 문화, 가치, 그리
  고 신념 체계, 충성, 언어 등의 다양성으로 말미암아 국제
  기구에서 민주적인 제도가 도입되고 운영되기 어렵기 때
  문이다. 물론 규모와 다양성 간의 관계가 경험적으로나 이
  론적으로 분명한 것은 아니다. 예컨대 [규모가 작은_옮긴이]
  벨기에와 스위스의 엄청난 문화적 다양성을 생각해 보라.
  그러나 일반적으로 규모와 다양성의 관계는 규모가 증가
  하면 — 시민의 수뿐만 아니라 영토를 포함해서 — 다양성
  도 증가한다는 점에서 비례 관계에 있다. 이런 결과는 국제
  체제와 관련해서도 분명해 보인다. 왜냐하면 국제 체제는
  기존의 국가들 내에 이미 존재하는 다양성에 더해, 다른 나
  라에서는 결코 따라 할 수 없는 몇몇 국가들의 다양성을
  추가하게 되기 때문이다.

그런 다양성 때문에 하나의 결정은 서로 다른 집단에 서로
다른 결과를 가져온다. 실제로 모든 정치적 결정이 갖는 비
용과 이득은 집단별로 매우 다르게 나타난다. 항상 손해를
보는 집단이 있는가 하면 항상 이득을 보는 집단이 생긴다.
손해를 보는 집단이 마지못해 양보할 수도 있지만, 절대 양
보하려 하지 않을 수도 있다. 민주주의 국가에서조차 손해
를 보는 집단이나 잠재적으로 손해를 보는 집단이 폭력에
호소하기도 한다. 1861년 미국에서 그 결과는 남북전쟁이

라는 내전으로 나타났다.

- 다양성은 국제 체제의 민주화 가능성을 회의적으로 보는 네 번째 이유를 암시한다. 즉, 갈등과 위기의 시기에도 시민들이 자신들의 정치제도를 지지할 수 있는 정치 문화의 창출이 필요하기 때문이다. 급박한 위기의 시기에 안정을 유지한다는 것은 민주주의 국가에서조차, 특히 다양성이 큰 국가의 경우, 매우 어렵다(이 문제에 대해서는 잠시 후 살펴볼 것이다). 미국인들은 민주적이면서도 헌법상으로 협력적인 정치 문화를 한 세기 이상 발전시켜 왔지만, 1861년 [노예 소유를 합법으로 인정한 남부 11개 주의_옮긴이] 연방 탈퇴 secession 와 남북전쟁을 막지 못했다. 만일 위기와 갈등이 정치 문화와 언어, 그리고 국가 정체성을 광범위하게 공유하고 있는 국가 내에서조차 결속을 위협한다면, 위기와 갈등은 정치 문화를 공유하고 있지 못한 국제 체제의 결속을 더욱 위협할 수밖에 없다.

- 다섯 번째 이유는, 수많은 국제적 결정이 갖고 있는 복잡성이다. 그 때문에 대부분의 시민은 그런 결정에 대해 이해하고 동의하는 것이 극히 어렵다. 민주주의 국가에서 시민은 외교 문제에 대해서 거의 이해하지 못한다. 일국적 수준에서도 어려운 문제가, 국제적 수준에서는 어떻겠는가.

- 마지막 이유는, 세계경제나 국제시장 그리고 국제기업들로 이루어져 있는 국제 체제는 독특하고도 매우 복잡한 정당성 문제를 제기하기 때문이다. 기업은 내부적으로 매우 위계적인

조직을 갖고 있지만, 거의 경쟁적인 시장에서 활동한다. 그리고 실제 기업이 공적으로 용인되거나 관용되거나 정당성을 얻게 되는 것은 시장 경쟁이 소비자에게 가져다주는 이득 때문만이 아니라 국가의 규제 행위 때문이다. 지난 두 세기 동안의 경제사가 우리에게 말해 주는 것은, 국가의 규제란 시장 경쟁의 적절한 수준을 보장하고 규제되지 않은 기업과 시장이 야기하는 모든 해악을 줄이며, 나아가 좀 더 정당하거나 최소한 허용할 수 있는 수준에서 이익의 분배를 보장하는 데 절대적으로 중요하다는 것이다. 국가의 규제가 없었다면 정치 엘리트와 대중은 사적 기업과 시장을 곧 역사의 쓰레기통으로 던져 버렸을 것이다.

국제적 수준에서 기업과 시장을 어떻게 규제할 수 있나? 세계무역기구나 세계은행, 국제통화기구와 같은 국제기구를 통해 규제할 수 있다는 것이 하나의 대답이 될 수 있다. 그러나 그것이 제아무리 바람직하다 할지라도, 그런 해결책은 민주적 합의라는 우리가 지금 다루고 있는 핵심 문제를 회피하는 것에 다름없다.

내가 지금 비민주적 국제 체제들을 독재 체제라고 말하려는 것은 아니다. 그에 걸맞은 만족스런 이름을 붙이기는 어렵지만, 필요하다면 나는 그것을 제한된 다원적 엘리트에 의해 통치되는 정부$^{gov-}$ $^{ernments\ by\ limited\ pluralistic\ elites}$로 부를 것이다. 그렇게 말하는 이유는 특정 결정을 내리는 데 있어서 국제적으로 활동하는 정치 엘리트와 관료 엘리트들이 조약이나 국제협정, 그리고 최종적으로는 국내적 거부권에 대한 위협으로부터 제한을 받기 때문이다. 그리고 그들이 가진 견해와 충성심, 그리고 의무감의 다양성으로 말미암아 그들이야말로 전형적인 다원적 엘리트들이라 할 수 있기 때문이다.

6. 위기

모든 정치체제는 심각한 위기에 직면하기 쉽다고 하는 정치학의 또 다른 기본 법칙을 살펴보는 것도 의미가 있어 보인다.

위기에는 급박한 국내 갈등이나 내전, 외국의 침략, 국제전, 자연재해, 기아, 경제 불황, 실업, 그리고 심각한 인플레이션 등이 포함된다. 이제 여기에 항상적인 테러리스트의 공격 가능성도 추가될 수 있다.

지난 20세기 동안 라틴아메리카 국가와 그 외 다른 국가에서 빈번하게 일어났던 것처럼 민주적인 제도가 확립되지 않고 민주적인 정치 문화도 허약한 나라에서 위기는 [민주주의의_옮긴이] 붕괴와 독재로의 회귀를 가져왔다. 민주적인 제도와 협력적인 정치 문화가 오랫동안 유지되고 상대적으로 견고한 국가에서조차, 심각한 위기는 선출된 대표에서 행정부로 — 국회나 의회에서 수상이나 대통령으로 — 권력을 옮기게 만들곤 한다.

권력이 행정부로 전환되는 것은 위기의 시기에 특히 심각하며, 긴장이 덜한 시기에서조차 외교와 군사 같은 특정 정책 분야에 대한 민주적인 통제는 약화되기 쉽다. 예를 들어, 미국에서 대통령의 외교정책에 대한 통제권은 항상 의회보다 강력했다. 행정부가 가진 권력의 증가와 입법부가 가진 통제력(일반 시민의 영향력은 말할 것도 없고)의 감소는 전쟁의 위협에 직면해서 특히 두드러지며, 전쟁이 일어나면 훨씬 더 확대된다. 최근에 벌어진 테러리즘의 위협은 권력이 행정부로 이동하도록 만든 결정적인 요인이었다. 특히 2001년 9·11 테러 이후 권력은 미국 시민과 의회에서 행정부로 넘어갔다(이 문제는 다음 장에서 다시 다룰 것이다).

국제적인 위기가 가져오는 효과와 테러리즘의 위협이 시민들 사이의 정치적 평등을 급격히 감소시킨다는 사실은 결코 미국에만 해당되는 것은 아니다. 아마도 위기 — 대외적 위기 — 가 선출된 대표와 대중으로부터 권력을 행정부로 옮겨 놓은 가장 극적인 사례는 영국일 것이다. 영국의 수상과 내각은 영국 국민의 압도적인 반대에도 불구하고, 이라크 침공 문제에 대해 미국을 지지했다.

그나마, [미국과 영국의 경우_옮긴이] 외교정책과 전쟁을 제외한 다른 문제들에서만큼은 시민들(지도자들을 포함해) 사이의 정치적 평등의 수준이 우리가 '민주주의 국가들'—어떤 결함을 갖고 있든—로 간주하는 다른 국가들의 수준과 비슷하거나 다소 높게 유지되고 있는 것을 다행으로 여겨야 할지 모른다.

요약하기

언제 어디서든, 특정 정치체의 시민들 사이에 정치적 평등을 달성하고자 하는 목표는 엄청난 장애물(즉, 정치적 자원, 기술 그리고 유인의 분배, 더는 축소할 수 없는 시간의 한계, 정치체제의 규모, 시장경제의 위세, 중요하지만 민주적이지 않은 국제 체제의 존재, 그리고 불가피하게 발생하는 심각한 위기)에 직면할 수밖에 없다.

오늘날 충분히 '민주적'이라고 평가할 수 있는 국가들에서, 과연 우리는 이런 한계를 넘어설 수 있을까? 아니면 이런 한계가 정치적 평등이라는 목표를 향한 미래의 진보를 방해하는 것은 아닐까? 아니면 더욱 나쁘게, 이런 한계가 민주주의 국가에서 시민들 사이의 정치적 불평등을 더욱 확대시키는, 일종의 역전 현상이 발생하는 것은 아닐까? 정치적 불평등의 확대로 말미암아, 일부 국가(미국을 포함한)들이 '권위주의적'이거나 독재 혹은 그와 유사한 체제라고 말할 수는 없지만, 적어도 우리가 '민주적'이라고 평가할 수 있는 기준선 아래로 떨어지는 것은 아닐까?

다시 말해, 수많은 국가들이 '민주주의'로 이행했던 역사적 시기가 종말을 고하고, 일부 잘 발전된 민주주의 국가조차 덜 민주적인 통치 형태로 퇴락하는 새로운 시대가 도래하는 것은 아닐까?

6

정치적 불평등은 심화될 것인가?

민주주의 국가에서 정치적 평등의 미래는 매우 불확실한 것으로 보인다.

몇 가지 가능성을 생각해 볼 수 있다. 먼저 정치적 평등과 불평등이 현 수준을 유지할 수 있다. 아니면 정치적 불평등은 훨씬 더 줄어들고, 정치적 평등이 이상에 가까울 정도로 확대될 수도 있다. 반대로 정치적 평등을 가로막는 장애가 계속 커져서, 정치적 평등이라는 목표를 달성하는 것이 훨씬 더 어려워질 수도 있다. 복잡하기는 하지만 현실에서는 두 가지 방향에서 변화가 일어날 수도 있다. 하나는 몇 가지 장애는 약화되는 반면, 또 다른 장애는 확대되어, 전체적으로 보면 이제까지 지켜 왔던 수준으로 정치적 평등이 유지되는 경우다. 또 다른 가능성은, 좋아졌다 나빠졌다 하는 변화의 최종적인 결과로 정치적 평등이 약화되고, 시민이 정부의 결정에 미치는 영향력이 훨씬 더 불평등해지는 경우다.

지금까지 이야기한 미래의 불확실성을 좀 더 쉽게 검토할 수 있도록, 논의를 미국에만 한정하고, 수많은 가능성 가운데 단지 두 사례만을 살펴보기로 하자. 하나의 가능성은 정치적 불평등이 미국 시민들 사이에 실질적으로 증가하는 것이다. 또 다른 가능성은 미국인들이 정치적 평등이라는 달성하기 어려운 목표에 좀 더 근접하게 되는 것이다. 이런 두 시나리오만을 살펴보는 이유는 이들이 다른 가능성보다 훨씬 더 그럴듯하기 때문이 아니라, 두 시나리오 각각 나름의 방식으로 우리가 특별히 생각해 봐야 할 문제들을 제기하고 있기 때문이다.

이제 골치 아픈 문제로 넘어가 보자. 즉, 정치적 불평등이 확대되었다거나 약화되었다고 말할 수 있으려면, 정치적 평등이라는 달성하기 어려운 목표에 비해서 현재의 정치적 불평등이 어느 정도 수준인지를 측정할 수 있어야 한다. 이 문제를 다음 절에서 살펴볼 것이다(독자에 따라서는 이 부분을 그냥 건너뛰고 내가 방금 말했던 두 가지 가능한 미래에 대한 설명으로 바로 넘어가도 좋다).

정치적 불평등 측정하기

미국에서 정치적 평등의 미래가 어떻게 전개될지에 대해 입증 가능한 판단을 내리는 일은 우리의 능력을 넘어서는 일이다.

하나의 이유는 부와 소득, 또는 건강이나 수명, 그 외 다른 많은 목적들과는 달리, 정치적 평등의 확대와 감소를 평가할 수 있는 정량 척도cardinal measures[속성의 절대량에 관한 정보를 알려 주는 지표. 온도나 국민소득 지표 등이 이에 해당한다_옮긴이]가 우리에게 부족하기 때문이다. 예를 들어, "X국의 정치적 평등이 Y국보다 두 배 크다"라고 말하기 어렵다. 기껏해야 우리는 "좀 더 많은", "좀 더 적은", "거의 비슷한"과 같은 평가에 기초한 순위 척도ordinal measures 에 의존할 수밖에 없다. 우리는 1990년부터 1999년까지 미국의 1인당 국민총생산GNP이 23,560달러에서 31,910달러로 증가했다거나 또는 65퍼센트 증가했다고 말할 수 있다. 그리고 이것은 독일의 1인당 국민총생산보다 약 25퍼센트 많으며, 나이지리아의 약 122배에 달한다고 말할 수도 있다. 그러나 우리는 1950년대와 1960년대의 민권법 통과 이후 20년 동안, 정치적 평등이 미국에서 15퍼센트(혹은 얼마가 됐든) 증가했다고 말하기는 어렵다.

하지만 우리는 순위 척도를 개발하여, 현재의 질적 수준이나 제도가 좀 더 확대되었다거나 좀 더 약화되었다고 말할 수는 있다. 예를 들어, 아프리카계 미국인의 투표할 수 있는 권리와 다른 정치 활동에 참여할 수 있는 권리를 보장하는 데 기여했던 법안이 통과된 이후에 미국에서 "민주주의" 혹은 "정치적 평등"이 확

순위	1985년	2000년
1	10	26
2	8	15
3	1	25
4	13	16
5	10	13
6	9	9
7	19	2
8	19	7
9	7	4
10	27	9
총계	123	126

● 민주주의 수준에 따라 순위에 든 국가의 수.

대되었다고 말할 수 있다. 우리는 Y국보다 X국에서 정치적 평등의 수준이 훨씬 더 높다는 결론을 내릴 수도 있다. 때로 우리는 노동자나 여성, 그리고 아프리카계 미국인과 같이 과거에 배제되었던 집단이 보통선거권이나 다른 중요한 정치적 권리를 획득하게 되었을 때 그랬던 것처럼, 양적 척도에 기반해 신뢰할 만한 질적 평가를 내릴 수도 있다.

우리는 어떤 기초적인 민주제도가 특정 국가에서 어느 정도 채택되는가와 관련해 역량 있는 연구자들의 판단에 따를 필요가 있다. 오랫동안 정치학자와 연구자들은 가장 민주적인 국가로부터 가장 비민주적인 국가에 이르는 상이한 국가들의 순위를 매기는 평가들을 진행해 왔다. 〈표 6.1〉은 가장 민주적인 국가에서 가장 비민주적인 국가에 이르는 126개국의 순위를 요약하고 있다. 이 순위는 2장에서 설명했던 대의제 민주주의에 필요한 핵심적인 네 가지 정치제도가 실행되는지를 평가한 2000년도 조사에 기반

하고 있다.[1]

- 자유롭고 공정한 주기적 선거.
- 표현의 자유.
- 대안적인 정보 원천 : 시민이 공직자의 의견보다는 다른 의견에 자유롭게 접근할 수 있는 권리.
- 결사의 자유 : 정당과 같은 정치조직들이 정치 활동을 조직하고 활동할 수 있는 완전한 자유.[2]

정치적 평등을 달성하는 데에 민주적인 정치제도가 중요하다면, 〈표 6.1〉이 보여 주는 것과 같은 서수적인 순위 역시, 그것이 갖는 약점에도 불구하고 정치적 평등과 불평등을 측정하는 기초적인 도구로서 의미를 갖는다.

하지만 이런 종류의 분류들은 두 가지 문제점을 지적하는 비판적인 논의들에 직면할 수 있다. 하나는 가장 높은 기준선과 가장 낮은 기준선이 다소 자의적이라는 것이며, 또한 "가장 민주적인" 등급에 들어 있는 국가들 사이의, 혹은 다른 극단인 "가장 비민주적인" 등급에 들어 있는 국가들 사이의 차이를 말할 수 없다는 것이다. 따라서 이런 분류로는 노르웨이나 스웨덴, 스위스가 프랑스나 이탈리아, 미국보다 "더 민주적"이라고 말하기 어렵다 (그리고 가장 비민주적인, 또는 가장 권위주의적인 국가들 사이에서도 중요한 차이를 말하기 어렵다). 〈그림 6.1〉은 1985년과 2000년 경제협력개발기구[OECD] 30개국의 민주적 책임성에 대한 점수를 비교하

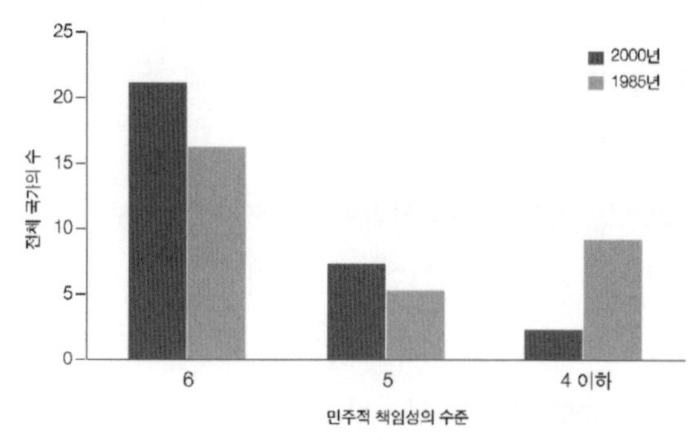

● 가장 비민주적인 국가로부터 가장 민주적인 국가를 평가하는 데 6점 척도 사용.

고 있다.

이를 바탕으로 이제 해결하기 더 어려운 문제에 대해 생각해 보자. 흔히 우리는 이런 두 극단적인 등급 사이에 존재하는 정치 체제를 부를 마땅한 명칭을 갖고 있지 않다. 그런 정치체제들은 "가장 민주적인" 국가는 아니지만, 아마도 "가장 비민주적인" 국가보다는 높은 수준에, 아마도 훨씬 더 높은 수준에 있을 것이다. 예컨대 미국에서 테러리즘의 위협으로 초래된 시민적 자유의 약화를 생각해 보자. 이로 말미암아 미국은 "가장 민주적인" 국가 군에서 그보다 훨씬 낮은 수준의 국가군으로 떨어질 것으로 평가되지만, 가장 낮은 수준의 국가보다는 훨씬 높은 수준이라 할 수 있는, 4등급에 속한다고 해보자. 그런데 그런 나라들을 마치 10등급 이하에 있는 것처럼, 파시스트 국가, 권위주의 국가, 전체주의 국가 또는 독재 국가라고 부르는 것은 심각한 오해의 소지가 있다 — 베니토 무솔리니Benito Mussolini 독재하의 파시스트 이탈리아나, 아돌프 히틀러Adolf Hitler 체제하의 나치 독일, 이오시프 스탈린Iosif Stalin 체제하의 소비에트 혹은 군사정권하의 아르헨티나나 칠레, 우루과이에 살아 본 경험이 있는 사람들이라면 누구보다도 먼저 이의를 제기할 것이다. 그러나 우리가 무엇이라고 부르든, 미국은 민주주의 국가군 가운데, 더는 최고 등급의 국가군에 속하지 않게 될 수도 있다. 어쩌면 미국은 더는 민주주의 국가가 아닐 수도 있다. 심지어 미국은 미국 시민들이 정치적 평등이라는 도달하기 어려운 목표를 추구하는 것을 억압할 수도 있다.

하지만 미국은 또 다른 시나리오를 따라갈 수도 있다. 그래서 민주주의가 더욱 강화되고 정부의 정책 결정에 미치는 보통 미국인들의 영향력이 〈표 6.1〉의 가장 높은 기준선을 훨씬 넘어서, 역사적으로 새로운 수준으로까지 확대될 수도 있다. 그때 우리는 이런 체제를 무엇이라고 부를 수 있을까?

사소한 문제처럼 보이지만, 이런 체제를 부를 수 있는 적절한 명칭이 없기에 우리는 쉽게 그런 체제를 "민주적"이거나 "비민주적"이라는, "좋은 것"이거나 "나쁜 것" 혹은 "악마적"이라는 두 개의 포괄 범주catch-all categories로 과도하게 단순화시키곤 한다.

미국인들은 왜 정부에 미치는 영향력에서 점점 불평등해지나

이제 두 가지 시나리오 가운데 첫 번째 시나리오로 다시 돌아가 보자. 그것은 미국인들 사이에 정치적 불평등이 더욱 확대될 것[3]이라는 주장이다. 이런 상황이 왜 일어나는가를 이해하려면 5장에서 설명했던 평등을 가로막는 여섯 가지 장애물에 대해 다시 생각해 봐야 한다.

1. 정치적 자원, 기술, 유인의 분배.
2. 더는 축소할 수 없는 시간의 한계.
3. 정치체제의 규모.
4. 시장경제의 위세.
5. 중요하지만 민주적이지 않은 국제 체제의 존재.
6. 불가피하게 발생하는 심각한 위기.

어찌할 수 없는 시간의 한계가 현 상태로 지속된다고 가정해 보자. 그래도 나머지 다섯 가지 장애들이 더욱 증가해, 미국 시민들 사이에 정치적 불평등을 훨씬 더 확대시킬 수 있다.

정치적 자원의 분배

"미국의 업적주의"meritocracy에 대한 2005년의 『이코노미스트』Economist 기사[4]에 따르면, 미국인들의 소득 불평등은 1880년대의 도금 시대Gilded Age♣ 이래 가장 높은 수준으로 확대되고 있는 것으

♣ 미국의 작가 M. 트웨인이 C. D. 워너와 합작하여 1873년에 발표한 풍자소설의 제목이

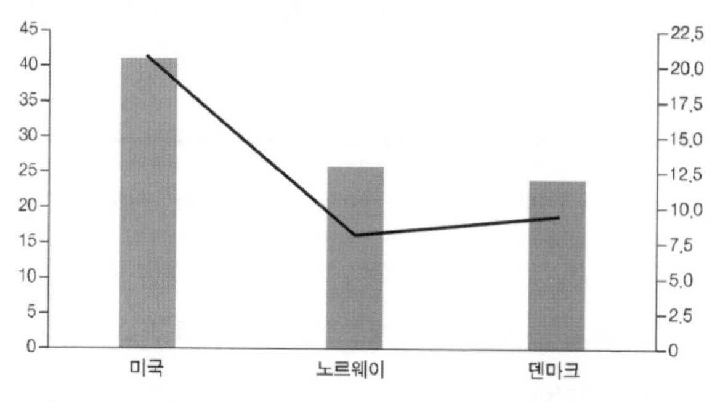

● 왼편의 수치는 2002년 세계정보네트워킹기구(GINI)의 소득 불평등 지수(막대 모양으로 나타낸 것).
 오른편의 수치는 문자 해독 능력이 없는 국민(16~65세)의 비율(굵은 선으로 나타낸 것).

로 나타났다. 1979년 최상위 1퍼센트의 평균 소득은 최하층 20퍼센트보다 133배나 많았다. 2000년에는 그 수치가 189배로 늘어났다. 노동자 평균임금에 대한 최상위 100대 최고 경영자[CEO]의 보수는 30년 동안 39배에서 무려 1천 배 이상으로 증가했다. 미국에서 사회적 이동 역시 감소하고 있다. 한 연구에 따르면, "사회적 이동의 가장 큰 증가는 최상위층에서 일어나고 있다." 그리고 미국의 사회적 이동이 유럽 국가들에 비해 크다고 하는 미국인들의 믿음에도 불구하고, 미국의 사회적 이동은 유럽 국가들

다. 남북전쟁 후 미국이 농업국에서 공업국으로 변모해 가는 과정에서 악몽과 같은 물욕에 사로잡혀 각종 사회적 부정이 속출했던 시대를 통렬한 필치로 비판한 작품이다. 미국에서 1865~90년경에 이르는 시대를 '도금 시대'라 부르는 것은 이 작품에서 유래했다.

에 비해 크지 않을 뿐만 아니라, 사실상 더 작다는 것을 보여 주는 강력한 증거들이 있다. 저자들은 "미국을 계급에 기반한 유럽식 사회로 분류할 수 있다"고 결론을 내린다.

수많은 연구들이 보여 주듯, 소득과 부의 불평등은 또 다른 불평등을 양산해 낸다.[5] 예를 들어, 교육과 관련해『이코노미스트』는 "상층으로의 사회적 이동이 점점 더 경쟁에 의해서 결정"되며 "교육 체계는 계급에 의해 점점 더 계층화되고 있으며" 이는 특히 빈곤 아동에게 불리하다고 주장한다(〈그림 6.2〉). 여기에서 우리는 경제적 불평등이 정치적 불평등을 양산하는 데 기여한다는 것을 확인할 수 있다. 예를 들어, 래리 바텔스^{Larry Bartels}는 광범위하고 다양한 이슈에서, 미국 상원 의원이 가난한 유권자의 선호보다는 부유한 유권자의 선호에 훨씬 더 민감하게 반응한다는 것을 실증한 바 있다.[6]

정치적 자원이 불균등하게 축적된다는 것은, 더는 나빠질 수 없는 수준에 이르러서야 정치적 불평등의 심화가 멈출 것이라는 불길한 가능성을 암시한다. 특권계층의 권력이나 영향력, 권위가 누적적으로 확대되면, 특권계층이 아닌 미국인들이 시민의 다수를 구성한다 하더라도, 이들 보통 시민들은 이런 불평등한 힘들을 극복하는 데 필요한 노력을 할 수도 없고 하려하지 않을 수도 있다.

대부분의 미국 시민들이 [정치적 자원을 획득하는 데_옮긴이] 사용할 수 있는 시간의 총량, 혹은 다른 활동을 희생해 사용할 수 있게 된 시간의 총량이 별로 달라지지 않을 것이라고 가정한다면 이와 같은 회의적인 시나리오가 실현될 가능성이 크다. 그럴 경우 정치적 갈등의 비용은 매우 높아지게 되고, 자신들의 특권적 지위를 보호하기 위해 뭐든 하려고 하는 상층계급의 우세한 상황을 저지하기 위해, 필요한 시간과 자원을 기꺼이 희생하려는 미국 시민은 거의 없을 것이다.

시장 자본주의와 인간의 성향

상당수의 미국인들은 정치적 자원의 불평등을 감소시키는 데 드는 시간과 노력의 비용이 너무 크다는 주장을 당연한 것으로 받아들인다. 그 이유는 정치적 자원의 불평등을 감소시킴으로써 얻게 되는 이익이 아주 적거나 아예 없다고 생각하기 때문이다. 그럴 경우 사람들은 자원 분배의 불평등을 감소시킴으로써 얻는 이익보다 그것을 위해 정치적 갈등을 불러일으키는 데 드는 비용이 상대적으로 높다고 생각할 수 있다. 간단히 말해, 분쟁에 관여할 때 드는 비용이 이득을 초과하게 되는 것이다.

비용과 이득에 대한 이런 관점은 문화적 규범에 의해 강력히 뒷받침된다. 칼 마르크스Karl Marx가 문화에 미치는 경제구조의 영향력을 과도할 정도로 강조했을 수도 있지만, 어쨌든 시장 자본주의 체제가 '소비주의' 문화를 통해 자본주의에 대한 반대를 약화시키고 역으로 자본주의에 대한 지지를 강화하고 있는 것은 역사적 아이러니가 아닐 수 없다.

다음과 같이 설명할 수 있다.

수많은 연구들이 저소득층 사이의 소득과 소비의 증가는 매우 다양한 방식으로 인간의 복지를 개선시키는 데 분명한 효과가 있다는 사실을 보여 준다. 그러나 또한 무수히 많은 연구들은 중간 이상의 소득을 갖는 사람들의 소득 증가가 '행복'이나 삶의 질에 있어 더 큰 만족을 가져오지 못한다는 것을 보여 준다(이 문제에 대해서는 다음 장에서 다시 살펴볼 것이다). 그렇다면 아주 부유한 국가의 국민들이 자신의 기본적인 욕구가 충족된 이후에도 계속해서 소득이나 지출, 소비에서 더욱 '높은' 수준의 만족을 추구하려는 이유는 무엇일까?

무엇이 사람들로 하여금 정치적 평등의 확대를 위해 투쟁하도록 추동하는지를 설명하면서, 나는 인간의 이성을 중요한 요인으로 생각하는 다수의 철학자들과 달리, 인간의 감정과 정서가 더 중요하게 작동한다는 점을 강조하려 했다. 이런 감정과 정서란 우리 자신과 다른 사람들을 비교해 보고 나서, 정당한 이유 없이 다른 사람들이 우리보다 좀 더 낫다는 것을 발견하게 될 때 느끼는 시기심이나 불공평함에 대한 감정들이다. 물론 여기서 "다른 사람들"이란 우리와 관련이 있는 사람들이다. 즉, 어떤 이유에서건 우리에게 영향을 미치는 사람들이다. 옆 우리에 있는 흰목꼬리감기원숭이, 함께 음식을 먹는 형제자매, 거리를 활보하는 이웃들, 직장 상사, 아니면 광고에서 우리가 일체감을 느끼는 가공의 인물들과 같은 사람들이 그들이다.

다양한 사례를 통해 우리는 시기심이 경쟁적 소비문화와 소비 습관을 강화하는 데 강력한 역할을 한다는 사실을 알 수 있다.

메르세데스-벤츠^{Mercedes-Benz}는 전면 광고를 통해 "뉴 2006 E350"을 홍보하면서 단지 몇 개의 단어 사용만으로 엄청난 관심을 이끌어 낸다. "더 큰 마력과 강력한 엔진. 늘어나는 시기심."[7] 혹은 『뉴욕타임스』가 '릴로스'^{relos}라고 불렀던, 더 나은 이웃들이 사는 주변 환경으로 이사하는 가족의 개념을 생각해 볼 수도 있다. "오늘의 릴로스는 1960년대 떠돌이 화이트칼라 개척자들의 후예들이다. 연구자들의 발견에 따르면, 릴로스는 이들 집단[화이트칼라_옮긴이]이 경제적으로 더욱 분화됨에 따라 나타난 결과이다. 릴로스는 인종이나 종교, 출신 국가^{national origin}와 같은 과거의 장벽보다는 나이나 가족의 지위, 교육, 특히 소득을 기준으로 자신들을 구분한다. 10만 달러의 소득을 올리는 가정은 총 30만 달러의 주택 필지를 사고자하며, 20만 달러를 버는 가정은 돈을 더 들여 50만 달러의 주택 필지를 구입한다."[8]

메르세데스-벤츠 광고를 다른 말로 바꿔 설명한다면, 소비주의 문화의 모토는 "더 많은, 좀 더 값비싼, 다른 사람들이 더욱 부러워하는 상품"이라 할 수 있을 것이다. 소비주의 문화에 사로잡혀 있는 미국인들은 좀 더 높은 지위를 위한 끝없는 상승 계단 위에서 위쪽에 있는 다음 계단을 향해 (자신들이 생각할 때 더 높은 곳으로) 전진하도록 계속해서 시기심의 압박을 받게 된다. 최상위층에 있는 극소수의 집단을 제외하고, 아니 그들조차, 항상 한 단계 높은 지위를 부러워할 수밖에 없는 집단이 존재하기 마련이다. 낸터컷 섬^{Nantucket Island}✦의 부유한 거주자 가운데 한 사람은 다음과 같이 설명한다.

나이 많은 부자가 믿을 수 없을 정도로 멋진, 이중 프로펠러가 달린 비행기를 갖고 있다. …… 그의 시대에 이런 비행기는 아주 대단한 것이었다. 이제 그는 그의 나이 절반밖에 안 되는 사람과 이야기를 나누는데, 그 젊은이는 대륙 횡단 제트기를 가지고 있다. 이들 사이의 대화는 여기서 끝이 난다.

또는 당신이 만난 누군가가 자신이 가진 보트에 대해 이야기하기 시작한다. 그는 45피트의 보트를 가지고 있으며, 그것에 행복해 한다. 그가 "당신은 보트를 가지고 있나요?"라고 묻는다. 그리고 당신은 "네"라고 대답한다. 그러자 그는 계속해서 "보트의 크기는 얼마나 되죠?"라고 묻는다. 이것이 사람들이 서열을 매기는 방식이다. 그래서 나는 "200피트인데요"라고 말해야만 한다. 그것으로 대화는 끝이 난다. 시기심 때문에? 아마 그럴 것이다. 그는 그의 시대엔 부유한 사람이었을까? 당연히 그랬을 것이다. 하지만 오늘날의 기준으로 보면 그렇지 않다. 그들이 더 많은 이야기를 나누지 않아야만, 두 세계는 섞일 수 있다.[9]

소비주의 문화는 내가 시민권의 문화라고 부르는 것보다 미국인의 사고와 행위에 더 많은 영향을 미친다. 아리스토텔레스 이래로, 철학자들은 시민들이 다른 시민들과 함께 '만인의 공공선'을 추구하는 데 적극적으로 참여하는 사회를 이상적인 정치사회로 생각했다. 좀 더 평범하고 단순한 관점에서 보자면, 아마도 미국인들은 무엇이 '공공선'인지를 놓고 지금까지도 그랬지만 앞으로도 계속 서로 의견을 달리할 것이다. 하지만 비판적인 시민 대

❖ 미국 매사추세츠 주에 있는 케이프 코드의 리조트 섬, 과거에는 포경(捕鯨) 산업의 중심지였다.

중은 시민권의 문화 덕분에 자신들의 목표를 성취하기 위한 수단으로서 정치적 삶에 참여하는 것을 좀 더 숭고한 가치로 여기게될 것이다. 이런 목표들 가운데는 정치적 평등의 확대를 가로막는 장애를 감소시키는 것도 포함될 수 있다.

하지만 미국인이 소비주의 문화의 지배적인 영향 아래 있는한, 이런 작은 성취마저도 달성하기는 어려울 것이다.

비민주적 국제 체제를 초래하는 규모의 딜레마

독립된 민주주의 국가의 정책 결정자는 계속해서 규모의 딜레마에 직면하게 된다. 이들 정책 결정자들은 안보나 무역, 금융, 근로기준법, 건강, 이민, 빈곤, 기아, 인권침해 등과 같이 자국 국민들에게 중대한 영향을 미칠 뿐만 아니라 이미 자국의 경계를넘어서는 문제들에 직면하게 된다. 이런 문제를 해결하기 위해정책 결정자는 국제조약이나 국제기구, 국제 동맹, 그리고 다른국제적 결사체 등에 가입함으로써 자국의 자율성을 약화시키는선택을 하기도 한다.

미국이 아무리 거대하고 강력한 국가라 하더라도, 미국 역시이런 도전을 회피할 수는 없다. 따라서 국제기구의 중요성과 영향력이 계속해서 확대될 것이라는 주장은 상당히 그럴듯해 보인다. (미국은 포함되지 않는) 유럽연합은 예외이지만, 국제기구를 이끌어 가는 내부 통치 기구들internal governments은 결코 민주적일 수없다. 대신 앞 장에서 설명했듯, 이들 내부 통치 기구들은 관료

체제에 의해 지배되고, 그들 지도자들 사이의 위계 구조나 협상을 통해 중요한 결정을 내린다. 비록 자신의 정당한 영역 내에서 활동하는 책임 있는 국제기구의 내부 통치 기구를 미국 정부가 어떻게 해서든 장악한다 하더라도 — 그것이 쉬운 일은 아니지만 — 미국 시민은 그 과정에서 직간접적으로 아주 미미한 정도의 역할만을 할 수밖에 없다.

오해를 피하기 위해, 국제기구는 불가피하다는 것을 다시 강조할 필요가 있다. 그뿐만 아니라 규모의 딜레마란 미국인이 선호하는 목적을 달성하는 데 있어 때로는 바람직할 수도 있음을 의미하기도 한다. 그렇기는 하지만 국제기구에 가입해서 미국인들이 얻게 되는 이득이란 관계·정계 지도자들과 대부분의 미국 시민들 사이의 정치적 불평등이 확대되는 비용을 치르고서야 성취될 수 있는 것이다.

테러리즘

4장에서 설명했듯, 민주주의 국가에서(확실히 비민주적 국가들에서도) 위기는 일반적으로 중대한 결정에 대한 통제권을 정부의 행정 부처로 이동하게 만든다. 아마도 가장 큰 변화는 최근 미국인들의 경험에서 드라마틱하게 등장해 막대한 해악을 끼친 외국의 테러나 전쟁과 같은 국제적 위기의 결과로 나타난다. 2001년 9·11 공격 이후 몇 년 동안 이런 공격에 대응해 미국 정부가 취한 구체적인 행동에 대해 보통의 미국 시민들은 사실상 아무런 영향력을 행사하지 못했다. 그저 그와 같은 행동에 동의를 표하고 결과적으로 대통령의 결정에 '민주적' 정당성을 부여했을 뿐이었다는 것이 전혀 과장이 아니다. 시민적 통제의 취약성은 이라크를 공격하기로 한 결정에서 가장 분명하게 드러났다. 보통의 미국 시민들은 9·11 공격에 대응한 미국 정부의 구체적인 행동에 대해 암묵적으로 동의한 것 말고, 그 어떤 영향력도 사실상 행사하지 못했다.

더욱 심각한 것은 선출된 시민의 대표들이 의회에서 대통령과 고위 공직자들이 제공한, 오도되었을 뿐만 아니라 사실상 거짓으로 판명된 정보를 토대로, 대통령의 행위를 형식상 승인해 줌으로써 대통령에게 기꺼이 굴복했다는 사실이다. 대통령과 고위 공직자들은 계속해서 이라크가 대량살상무기를 가지고 있다고 주장함으로써 대통령의 결정을 승인하도록 일반 국민뿐만 아니라 의회를 설득했다. 이어진 의회의 행위는 대통령과 고위 공직자들의 결정에 대한 수동적인 비준 이상 아무것도 아니었다. 간단히 말해, 대통령과 행정 부처의 관료들이 "테러와의 전쟁"에서 압도적인 영향력을 행사했다는 것은, 적어도 그런 중대 이슈와 관련해서 미국인들 사이의 정치적 평등이 현저하게 낮은 수준으로 떨어졌다는 것을 의미한다. 더구나 이런 영역에서 미국 대통령의 권력은 노골적으로 비민주적인 몇몇 정권의 통치자가 갖는 권력에 거의 버금간다고 말할 수 있을 정도다.

계속해서 대통령과 그의 참모들은 테러리즘이라는 위협을 명분으로 감시와 통제 체계를 구축했을 뿐만 아니라, 미국 시민과 비미국 시민들을 체포할 수 있는 체계를 만들었다. 그 결과 그간 가장 우선적으로 존중되어 왔던 권리와 자유가 침해되었다. 또한 이 과정에서도 의회의 통제는 주로 대통령의 결정을 비준하는 것에 머무를 수밖에 없었다.

미국에서 테러리즘의 반복적인 등장은 권력이나 영향력, 권위가 더욱 대통령에게 집중되도록 만들었다. 그 결과 이미 최소화될 대로 최소화된 의회의 역할은 더욱 축소되었고, 연방대법원과 다른 연방법원 판사에 대한 대통령의 임명권은 행정부의 결정을 견제해야 할 사법부 역시 약화시켰다. 시민이 행정부의 중대한 결정에 미치는 직접적인 영향력이 약화되고, 선출된 시민의 대표가 갖는 영향력 역시 감소함에 따라, 정치적 불평등의 수준은 더욱 확대 ― 미국의 정치체제가 21세기 초에 널리 수용되고 있는 민주주의의 기준선보다 훨씬 아래로 떨어지게 ― 될 수도 있다.

위임의 신화

'미국인'이 대통령 선거의 승리자에게 캠페인 기간 동안 주장했던 정책을 추진하도록 권위를 '위임'한다고 하는 신화는 테러리즘이 권력이나 영향력, 권위를 대통령에게 집중시킬 가능성을 더욱 확대시킨다.[10] 유권자와 의회 의원들이 대통령의 행위를 '미국인들로부터의 위임'으로 받아들이게 되면, 그만큼 대통령의 정책은 추가적인 정당성을 얻게 된다. 어찌되었든 다수 지배는 반드시 지켜져야 하지 않을까? 다수가 대통령에게 권위를 '위임'했다면, 의회가 대통령이 제출한 정책을 채택하는 것은 타당할 뿐만 아니라, 사실상 그래야 하는 것은 아닐까?

그러나 '위임'에 대한 주장은 다음과 같이 완전히 모호한 근거에도 불구하고 유지되고 있다.

- 대통령에 대한 위임(그 용어 그대로는 아니더라도)이라는 주장은 앤드류 잭슨^{Andrew Jackson}[미국 제7대 대통령. 1829~37년 재임_옮긴이] 시대까지 거슬러 올라갈 수 있지만, 그런 주장은 1940년 이전까지 과학적 여론조사가 없었기 때문에 전혀 신뢰할 수 없다. 선거 결과가 보여 주는 유일하게 신뢰할 만한 정보란 당선된 후보자와 낙선된 후보자에게 던진 표의 수뿐이다. 전체 유권자를 대표하는 대규모 무작위 유권자 표본에 대한 과학적 여론조사 없이, 유권자의 다수가 자신이 가진 표를 던졌을 때 의도했던 것이 무엇인지를 어떻게 알 수 있을까? 1940년 과학적 여론조사가 도입되었음에도, 이런 문제는 만족스럽게 해결되지 못했다. 분명 대규모 무작위 표본은 전체 시민들 사이의 여론의 향배와 관련해 꽤 높은 수준의 정확성을 제공할 수도 있다. 그러나 여론조사원의 질문이 신중하게 응답자의 대답을 유도해 내지 못한다면, 그 답변이란 피상적인 수준에 불과할 수밖에 없다. 따라서 유권자가 제안된 정책의 결과에 영향을 미치기 위해 좀 더 많은 정보와 시간을 요구할 수 있는 기회를 갖거나, 또는

동료 시민이나 독립적인 전문가와 그 정책에 대해 논의할 수 있는 기회를 갖게 되더라도, 그것이 반드시 그들이 실제 지지하는 것은 아닐 수도 있다.

● 위임에 대한 주장은 다음의 두 번째 결함으로 인해 심각한 문제를 안고 있다. 미국에서 제3정당의 후보에게 던진 표와 선거인단의 변덕으로 인해, 세 번의 선거 가운데 한 번은 과반수를 얻지 못한 후보가 대통령으로 선출될 수 있기 때문이다.* 제3정당의 후보에게 투표했던 유권자의 두 번째 선택이 표로 계산된다면, 낙선자가 당선자로 뒤바뀔 수도 있다. 분명 새로운 승자는 자신의 정책에 대해 '위임'을 주장할 수 있다. 1960년 존 F. 케네디John F. Kennedy는 일반투표의 50퍼센트 미만을 획득했지만, "선거 다음 날 그리고 그 이후 항상, 국가가 자신에게 어떤 위임도 하지 않았다는 주장을 받아들이지 않았다. 케네디는 실제로 모든 선거에는 승자와 패자가 있기 마련이며, 의회와 잘 지내는 데 어려움은 있겠지만, 단지 한 표 차이만으로도 자신은 여전히 위임을 받은 것이라고 말했다."[11] 2000년 선거에서 앨 고어Al Gore는 일반투표의 48.41퍼센트를 얻은 반면, 조지 부시George W. Bush는 단지 47.89퍼센트만을 받고도 선거인단 투표에서 승자가 되었다. 더구나 제3정당의 후보에 투표한 실

---

* 지난 2008년까지 쉰다섯 차례 치러진 대통령 선거에서 과반수를 얻지 못한 대통령이 선출된 사례는 모두 열일곱 번이었다.

제 유권자의 다수는 아마도 부시보다 고어를 더 선호했을 것이다. 하지만 이들 가운데 누구도 부시의 지지자들이 상속세 폐지와 같은 몇 가지 부시 정부의 정책에 대해 '위임'을 주장하는 데 반대하지 않았으며, 부시는 고분고분한 의회를 통해 그런 정책들을 밀어붙일 수 있었다.[12]

선거를 통한 '위임'이라는 말이 신화에 불과할지라도, 그런 신화에 대한 믿음이 특히 위기 시에 미국 대통령의 권위와 영향력을 좀 더 강화시키는 것임은 분명한 사실이다.

7

정치적 불평등이 약화될지도 모르는 이유

내가 앞 장에서 설명했던 비관적인 시나리오가 훨씬 그럴듯해 보이기는 하지만, 몇 가지 이유로 나는 그런 미래가 반드시 필연적이라고 생각하지 않는다.

첫 번째 이유는, 내가 3장에서 설명했듯이 지난 수세기에 걸친 정치적 평등을 향한 그 엄청난 변화들(정치적 평등만이 아니라 다른 차원들의 거대한 변화는 말할 것도 없고)이 미래에도 정치적 평등이 확대될 것이라는 가능성에 대해 희망을 갖도록 만들기 때문이다. 1700년(혹은 1800년이나 1900년)에 생존했던 사람들 가운데 얼마나 많은 사람들이 정치적 평등을 확대하려는 운동이 21세기에 이르기까지 지속적으로 확산될 것이라 예견할 수 있었을까?

곧이어 간단히 살펴보겠지만, 두 번째 이유는 사회주의의 종말이 반드시 시장 자본주의가 초래하는 부정의injustice를 감소시키기 위해 고안해 낸 노력과 정책들을 폐지하는 것으로 이어지지는 않는다는 사실 때문이다. 초기의 '복지국가' 개혁과 미국의 뉴딜 정책 이래로, 시장 자본주의가 초래하는 지속적인 해악들은 우리 사회에서 정당화될 수 없는 사회적·경제적·정치적 불평등을 감소시킬 수 있는 더 나은 방식을 탐구하도록 학자와 연구자들을 자극했다. 그 결과 수많은 깊이 있는 연구 성과들이 이루어졌으며 그 가운데 일부는 다음 〈표 7.1〉에 정리되어 있다.

마지막 이유는, 매우 적은 수의 사람들의 행위가 예기치 않은 아주 우연한 역사적 사건들을 만들어 낼 수 있고, 그것이 특별히 중요한 결과를 가져올 수도 있다는 사실 때문이다. 예컨대 [제1차 세계대전의 발발로 이어진_옮긴이] 1914년의 프란츠 페르디난트Archduke Franz Ferdinand 암살, 1917년 스위스에서 상트페테르부르크로의 블라디미르 레닌Vladimir Il'ich Lenin의 귀환, 1932년 말 히틀러의 독일 수상 임명, 2001년 9월 11일 뉴욕과 워싱턴에 대한 테러리스트의 공격 등과 같은 것이다.

이 마지막 장에서 내가 탐색해 보고 싶은 것은 미국인의 문화와 가치에 있어서 거대하지만 현실에서 있을 만한 어떤 변화가 나타나, 정치적 평등이라는 목표에 좀 더 근접할 수 있는 가능성이 있는지에 대한 것이다.[1] 다시 강조하지만, 나는 이런 발전이란 그저 많은 가능성 가운데 하나라고 생각한다. 내가 앞 장에서 설명했던 시나리오에 따라 정치적 불평등이 심화될 수도 있다.

	개혁의 유형	특징	자료
직접적으로 정치적 평등을 다루는 개혁	캠페인 선거 자금 개혁	매케인-파인골드(McCain-Feingold) 입법 확대. 정치가에게 영향력을 행사하려는 기업이나 노조, 개인 기부자의 기부액을 보다 제한. 527 정치조직[연방세법 527조에 해당되는 정치단체_옮긴이]을 연방선거관리위원회(FEC)에 등록시켜 정당과 유사한 기부금 한도를 준수하도록 강제하는 규정 채택.	A. Corrado and T. Mann, "Flap Over 527s Aside, McCain-Feingold Is Working as Planned," The Brookings Institution, May 2004.
	선거 개혁	유권자/시민 참여 강화. 새로운 비당파적 기관을 설치하여 선거에 필요한 장비들의 기술적 표준 수립, 다양한 선거 시스템 실행에 대한 체계적 정보 수집, 모든 측면에서의 선거 관리에 대한 최상의 실천 관행 조사. 또한 중앙정부와 지방정부가 다방면에서 선거 시스템을 향상시키는 데 도움을 줄 수 있도록 연방교부프로그램을 설치할 수 있다(즉, 등록명부관리, 투표계산기, 선거관리자 및 유권자 교육).	T. Mann, "An Agenda for Election Reform," The Brookings Institution, June 2001.
	선거구 개혁	선거구 획정 과정에서 정당과 현직자의 조작 가능성 축소. 각 주들이 선거구를 획정하는 데 있어 추가적인 기준을 선택하도록 의회를 설득. 위헌적 게리맨더링 계획을 찾아내도록 법원을 설득. 각 주들이 선거구 지도(legislative maps)를 획정하는 과정에 있어서의 변화. 독립된 비당파적 선거구 위원회의 설립.	T. Mann, "Redistricting Reform," The National Voter, June 2005.
간접적으로 정치적 평등을 다루는 개혁 (경제적·사회적 평등의 확대를 통해)	보편적 의료보험 적용 범위	메디케어(Medicare)[65세 이상 노인의료보험, 메디케이드(Medicaid)는 65세 이하 저소득층과 장애인을 위한 의료보험_옮긴이] 프로그램 수립을 통한 보편적 의료보험 달성. 고용주는 적어도 확대된 메디케어 혜택 프로그램에 피고용인을 자동으로 가입시키거나 메디케어 플러스(Medicare Plus)의 피고용인 가입 기금을 지원하기 위해 종업원 수에 기반한 적절한 납부금을 지불한다. 각 주에 등록되어 있지 않은 전체 노동인구 밖의 개인들은 소득에 기초한 프리미엄과 함께, 개별적으로 참여할 수 있는 옵션을 갖는 구매권(buy-in option) 구입 가능.	J. Hacker, "Medicare Plus Proposal: A Plan for Universal Health Care Coverage." 메디케어 확대에 관한 상세한 계획안은 다음에서 찾을 수 있다. pantheon. yale. edu/~jhacker.
	빈곤층의 저축을 확대하기 위한 프로그램	2001년에 통과된 저축신용프로그램(Saver's Credit Program)을 확대하거나 유지하도록 만들어, 퇴직에 대비해 적절한 준비를 하지 못한 위험을 안고 있는 모든 가계의 저축을 증가. 저축신용프로그램은 퇴직 저축 제도에 대한 자발적인 개인 기여금을 위해, 비환급 세액공제(nonrefundable tax credit) 형식으로 정부 기여금을 제공(즉, IRA)[Individual Retirement Account, 개별퇴직계정으로 퇴직에 대비한 개인의 저축에 대해 소득세 혜택을 주는 개인 저축 제도_옮긴이].	W. Gale, J. M. Iwry, and P. Orszag, "The Saver's Credit : Expanding Retirement Savings for Middle- and Lower- Income Americans," Retirement Security Project, March 2005.

| 최저임금 인상, 근로장려세제(EITC) 증가, 육아 장려금 확대 | 저임금노동자들의 소득을 확대하고 정규직 업무를 장려하는 정부 프로그램의 확대. | I. Sawhill and A. Homas, "A Hand Up for the Bottom Third : Toward a New Agenda for Low-Income Working Families," The Brookings Institution, May 2001. |
| 더 많은 사람들에게 고등교육 보장 | 중산층 가계의 대학 세액공제 시행. | A. Gore, 2000 Presidential Debates, St. Louis, October 17, 2000. |

● 이 표를 만드는 데 있어 스테픈 캐플란(Stephen Kaplan)으로부터 큰 도움을 받았다.

그러나 그런 어두운 미래가 결코 피할 수 없는 것만은 아니다.

좀 더 가능성 있는 시나리오를 탐색하기 위해 나는 테러리즘의 위험이 앞으로 도래할 수십 년 동안 지속된다고 가정할 것이다. 이런 위협은 우리가 그저 받아들일 수밖에 없는, 우리 삶의 지속적인 위험 가운데 하나일 뿐이다. 테러리즘은 생명에 대한 수많은 일상적 위협들 가운데 하나다. 즉, 연간 흡연으로 43만5천 명, 음주로 8만5천 명, 자동차 사고로 2만6천 명, 총기류와 관련하여 2만9천 명, 살인으로 2만 명이 사망한다. 이런 일상적인 죽음으로 인한 비극을 줄이지 않는다면, 테러에 대한 '전쟁'이 담배나 비만, 음주, 에이즈AIDS, 마약 등에 대해 정기적으로 '전쟁'을 선포하는 것과 마찬가지로 우리의 일상생활을 지배하게 될 것이다. 사실상, 그런 방향으로의 변화의 조짐은 2005년 7월 "테러리즘에 대한 전쟁"을 "폭력적 극단주의에 대한 전 세계적 투쟁"으

로 대체했던 부시 행정부의 언술에서부터 나타나기 시작했다.[2]

방법은 있는데, 그럴 의지가 있나?

〈표 7.1〉에 정리되어 있는 개혁 조치들을 통해 미국 시민들 사이에 존재하는 거대한 정치적 불평등을 감소시킬 수 있다.

표가 보여 주듯이, '하겠다'고 결정하기만 한다면, 우리를 정치적 평등이라고 하는 목표에 근접하도록 만들어 줄 수 있는 수많은 정책들이 있다. 따라서 문제는 방법이 아니다. 우리는 여러 가지 방법들을 가지고 있다. 우리에게 부족한 것은 이런 개혁 조치를 시행하려는 의지다.

이런 설명은 정치적 평등이 확대될 수 있다는 희망에 대한 나의 세 번째 논거와 연결된다. 선진 자본주의 국가들에서 소비에 대한 숭배와 전례 없이 증가하고 있는 소비자 이익에 대한 우리의 관심에 대항해 저항을 확산시키는 것이 결코 가망 없는 것은 아니다. 참여하는 사람들의 수가 늘어나면서, 시민 참여라는 목표가 소비자 만족이라는 목표를 밀어낼 수도 있다. 오늘날 지배적인 소비주의 문화가, 여타의 다양한 목표들 가운데서도 특히, 미국인들 사이의 정치적 평등을 증진시킬 수 있는 시민권 문화에 굴복할 수도 있다.

소비주의에서 시민권으로

시민권의 문화가 지배하는 세상은 현실에서는 불가능한 유토피아적인 꿈에 불과한가? 19세기와 특히 20세기를 통해, 평화적으로든 폭력을 통해서든, 시장 자본주의가 사회주의 체제로 대체될 것이라고 믿었던 사회주의자들과 같은 사람들이 꾸었던 꿈과 같은 운명이 되고 말 것인가? 사회주의자들은 시장 자본주의에서 나타나는 생산과 분배 수단의 '사적' 소유 및 통제가 '집단적' 혹은 '사회적' 소유와 통제의 형태로 대체될 수 있는, 그리하여 자본주의의 엄청난 불평등으로부터 벗어나 정치적·경제적·사회적 평등이 실현된 사회주의 체제를 상상했다. 4장에서 지적했듯, 이런 꿈들은 20세기가 채 끝나기도 전에 점점 더 많은 사람들이 가혹한 현실을 깨닫게 되면서 완전히 사라져 버렸다. 현실에서 시장 자본주의를 사회주의로 대체하려고 했던 모든 노력들은 경제적으로뿐만 아니라 정치적으로도(민주주의의 관점에서), 참담한 정치적 실패를 경험했다고 말할 수 있다. 레온 트로츠키^{Leon Trotsky}의 유명한 경구를 정반대로 바꿔서 표현하면, 시장 자본주의를 대체하려 했던 사회주의 프로그램은 역사의 쓰레기통에 내던져졌다.

시민권의 문화가 소비주의 문화보다 우위에 서게 될 수도 있다는 나의 생각은 예정된 미래가 될 수 있을까? 몇 가지 경험들은 성급하게 이런 미래를 기각하는 것을 경계할 필요가 있다고 말한다.

　사회주의의 성공은 시장 자본주의의 실패에 달려 있었다. 하지만 소비주의로부터 시민권으로의 문화적 전환은 시장 자본주의의 실패 때문이 아니라, 그것의 성공 때문에 일어날 가능성이 높다. 마르크스는 "자본주의의 모순"이 의식이나 문화, 사회, 정치, 그리고 경제의 혁명적 변화를 가져올 것이라고 예측했다. 그러나 자본주의에서 그의 주장은 현실화되지 않았다.

　자본주의의 진짜 모순은 이것이다. 자본주의 기업의 생산을 통해 소비를 지속적으로 확대하려는 인간의 강력한 충동을 충족시키는 데 성공한 자본주의는 또 다른 훨씬 더 강력한 인간적 충동과 모순된다는 것이다. 그것은 바로 행복 혹은 복지를 추구하고자 하는 충동이다. 일단 사람들이 어느 정도 적정한 수준의 소비를 달성하게 되면, 수입이나 소비가 증가한다고 해서 복지나 행복이 계속 증가하는 것은 아니라는 많은 연구 결과들이 있다. 부유한 국가에서 점점 더 많은 사람들이 이런 인간 본성의 기본적인 특징들을 경험하게 된다면, 그들은 좀 더 만족할 만한 다른 목표를 추구하게 될 것이다. 미국과 같은 부유한 국가에서 수많은 사람들이 계속 증가하는 자본주의의 재화와 용역 생산에 시간이나 에너지 그리고 자금을 투여하기보다 어떤 형태로든 정치에 개입하는 것이 더 큰 보상을 받을 수 있다는 것을 깨닫기 시작할 수도 있다. 그때 우리 사회에 만연해 있는 소비주의 문화가 주는 즐거움에 대한 과도한 강조를 누르고 시민권 문화가 우위에 설 수도 있다. 바꿔 말하면, 점점 더 많은 미국인들이 탐욕스러운 소비자에서 적극적인 시민으로 변화해 갈 수도 있다는 것이다.

GNP가 측정할 수 있는 것과 측정할 수 없는 것

우리 사회에 만연해 있는 소비주의 문화의 정당성은 소비자 만족을 경제적 성취와 발전의 척도로 보는 매우 영향력 있고 지적인 관점에 의해 강화되어 왔다. 다음과 같이 설명할 수 있다.

신고전주의 경제 이론은 시장 자본주의 체제의 효율성에 대해 강력하고, 대체로 유용하며, 때로는 논리적으로 명쾌한 논증을 보여 준다. 간단히 말해, 이 이론들의 모델에서 각각의 기업은 토지와 노동 그리고 자본을 재화와 용역으로 전환하기 위해 자유 시장에서 경쟁하게 되며, 이를 통해 생산된 재화와 용역은 경쟁 시장에서 소비자에게 판매된다. 나는 이 모델로부터 제기되는 독점이나 과점, 불공정 무역 관행, 그리고 또 다른 일탈 행위 등의 문제를 다루기보다는, 경쟁적 시장 자본주의의 결과를 평가하는 데 있어 소비자의 중심적 역할에 주목하려고 한다. 여기서 재화나 용역의 '가치'란 '소비자의 선호를 만족시키는' 가치에 다름 아니다. '경제적 효율성'이란 생산에 투여된 재화와 용역의 '비용'과 시장에서 생산된 산출물의 '가치' 사이의 비율로 평가된다. 시장에서 투입과 산출은 경쟁 시장에서의 가격으로 평가된다.

한 국가의 국민총생산^{GNP}이란 시장가격에 의해 측정된 순 산출의 총량을 가리킨다. 1인당 국민총생산은 이를 인구수로 나눈 것이다. 이 경제 이론에 따라 엄격하게 해석해 본다면, 1인당 국민총생산이 높으면 높을수록, 그 국가의 국민들 사이의 '소비자 만족' 수준도 높을 것이다. 그리고 소비자 만족도가 높으면 높을수록, 그 국가의 국민들은 부유할 것이다. 당연한 결과로, 국가의

1인당 국민총생산이 증가한다면, 그 나라 국민들은 더 부유할 것이다. 마찬가지로 미국인의 1인당 소득이 스위스나 오스트레일리아 국민의 1인당 소득보다 높다면, 미국인은 스위스나 오스트레일리아 국민보다 부유하다고 할 수 있을 것이다.

이런 결론은 순환논법이거나 오류에 지나지 않는다.

'잘산다는 것'이 정의상 소비자가 소비할 수 있는 좀 더 많은 재화와 용역을 갖는 것을 의미한다면, 이때 논리는 다음과 같이 완전히 순환하게 된다. 즉, 잘산다는 것=소비할 수 있는 좀 더 많은 재화와 용역을 갖는 것=잘산다는 것. 그러나 삶의 질이 소비 이상의 어떤 것들에 의해 좌우된다고 믿는다면, 그리고 그런 '삶의 질'이 관찰 가능하고 측정 가능한 어떤 경험적 진술로 이해된다면, 위의 주장은 명백한 오류라 할 수 있다.

삶의 질

'삶의 질'은 다양한 방식으로 평가될 수 있다. ('객관적' 척도라 부를 수 있는) 어떤 척도는 건강이나 고용, 가정생활 등에 대한 평가를 통합하여 이루어진다. ('주관적' 척도라 부를 수 있는) 다른 척도는 무작위 표본으로 추출되어, 질문자로부터 자신의 복지와 삶의 질에 대한 생각을 질문받은 사람들이 내린 판단에 따른다. 수많은 국가의 다양한 연구들은 다음과 같은 결론을 뒷받침한다.

● 소득의 증가는 수입이 상대적으로 낮을 뿐만 아니라 결정

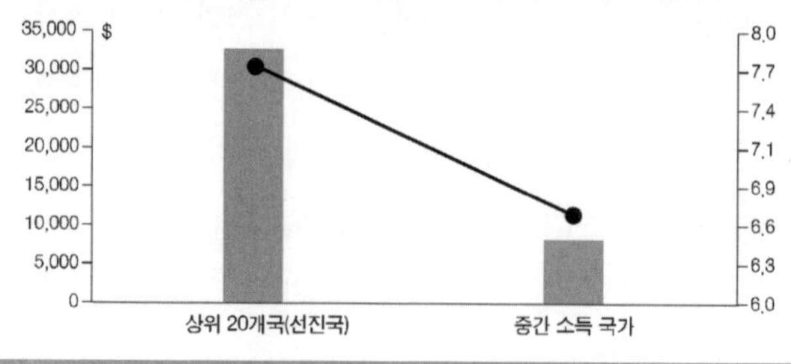

● 2005년 『이코노미스트』 세계 삶의 질 조사.
● 왼쪽 선은 '달러'로 나타낸 1인당 평균 국내총생산(GDP). 오른쪽 선(진한 선으로 표시된)은 삶의
  질 점수.

적인 기준선 아래에 있는 사람들의 삶의 질을 상당 정도 향
상시킬 수 있다. 이것을 삶의 질의 최소 기준선quality of life threshold
이라 부를 것이다.

● 결국 삶의 질의 최소 기준선 아래에 놓인 사람들에게 자원
을 적절히 분배하는 것은, 객관적 척도나 주관적 척도 어느
것으로 측정하더라도, 평균적으로 그들의 삶을 크게 향상
시킨다.

● 하지만 많은 선진국에서 국민들의 평균 소득은 삶의 질의
최소 기준선보다 훨씬 위에 있다(〈그림 7.1〉). 삶의 질의 최
소 기준선 아래에 있는 사람들과는 매우 대조적으로, 기준
선 위에 있는 사람들 대부분의 삶의 질은 소득이 올라간다
거나 소비가 확대된다고 해서 증가하지 않는다. 따라서 선
진국 국민의 개인 소득이 증가하더라도 그들의 삶의 질에

대한 만족도는 더 높은 수준으로 올라가지 않는다. 예를 들어, 사람들의 주관적 평가에 따른다면 그들은 이전보다 더 행복한 것은 아니다. 어떤 필자가 『월스트리트저널』*Wall Street Journal*에 기고했듯이, "제2차 세계대전 이후 미국의 1인당 국내총생산^{GDP}은 세 배로 증가했지만, 삶의 만족도("전반적으로, 당신은 당신의 삶에 얼마나 만족하십니까?"와 같은 질문의 조사에서 측정된)는 거의 움직이지 않았다. 일본 역시 1958년 이래 1인당 국내총생산은 급격하게 증가했지만, 국민 행복도*measures of national happiness*에는 거의 변화가 없었다. 마찬가지로 대부분의 서구 유럽에서도 동일한 결과가 나타났다."[3]

● 또한 1인당 국내총생산의 증가가 행복이나 삶의 만족도를 증가시키지 못한다는 사실은 가장 선진화된 국가들 간의 비교에서도 드러난다. 높은 수준의 1인당 국민총생산에도 불구하고, 객관적인 측정에 따른 미국인의 삶의 질은 수많은 다른 선진 민주주의 국가 국민들의 삶의 질보다 높지 않다. 몇 가지 측정에서는, 미국인의 삶의 질이 실제 더 낮은 것으로 나타난다. 수많은 국가들에 대한 삶의 만족도 조사에서 도출된 한 연구는 "핵심 요소는 소득이다. …… 하지만 다른 요소인 건강이나 자유, 실업, 가정생활, 기후, 정치적 안정성과 안보, 성 평등, 공동체 생활 역시 중요하다"라고 말한다. 질적 조사를 통해, 이 연구는 100개국에 대한 순위를 매긴다. 당연히 부유한 국가일수록 높은 순위를 차지한다. 그러나 부유한 국가들 사이에서 미국은 아일랜드,

	삶의 질		1인당 국내총생산	
	점수	순위	달러(구매력)	순위
아일랜드	8.333	1	36,790	4
스위스	8.068	2	33,580	7
노르웨이	8.051	3	39,590	3
룩셈부르크	8.015	4	54,690	1
스웨덴	7.937	5	30,590	19
오스트레일리아	7.925	6	31,010	14
아이슬란드	7.911	7	33,560	8
이탈리아	7.810	8	27,960	23
덴마크	7.796	9	32,490	10
스페인	7.727	10	25,370	24
싱가포르	7.719	11	32,530	9
핀란드	7.618	12	29,650	20
미국	7.615	13	41,529	2
캐나다	7.599	14	34,150	5
뉴질랜드	7.436	15	25,110	25
네덜란드	7.433	16	30,920	15
일본	7.392	17	30,750	16
홍콩	7.347	18	31,660	11
포르투갈	7.307	19	19,530	31
오스트리아	7.268	20	31,420	12

자료 : The Economist, *Pocket World in Figures*, 2005 Edition (London: Profile Books, 2005), p. 30.

스위스, 노르웨이, 룩셈부르크, 그 외 8개국 다음으로 13위에 올라 있다(〈표 7.2〉).[4]

"고소득=더 큰 행복"이란 등식의 핵심 오류는 지위에 대한 불안감이 가져오는 자기 파괴적 효과 때문이다. 많은 미국인들은 이런 등식을 "고소득=눈에 띄게 높은 수준의 소비=높은 지위=더 큰 행복"을 의미하는 것으로 해석한다. 그러나 연구의 실제 내용은 이런 등식 역시 오류임을 보여 준다. 무한하지는 않지만, 지위의 사다리는 셀 수없이 많은 계단을 가지고 있고, 각각의 계단은 바로 아래 계단보다는 높다. 한 계단을 오른 사람일지라도 그는 위를 올려다보고 눈에 띄게 높은 소득이나 부, 그리고 지위를 가진 사람들을 보게 된다.

이런 명제를 입증할 수 있는 인상적인 증거들로 말미암아, 점점 더 많은 사람들이 (우리가 오래진에 넘어섰던 최지 기준선 위에 서서) "돈으로 행복은 살 수 없다"라는 오래된 격언에 결국 동의하게 될 것이라는 주장은 아주 그럴듯해 보이거나, 매우 가능성이 높은 것으로 생각된다.

그러나 돈으로 행복을 살 수 없다면, 사람들은 어디에서 자신들의 삶의 만족을 찾을 수 있을까? 시장 자본주의가 제공하는 끝없이 많은 재화와 용역의 소비를 계속해서 증가시킴으로써만이 행복을 성취할 수 있다고 과도하게 강조하는 일반적인 문화에 대해 수많은 사람들이 결국 의문을 던지게 되지 않을까? 더 많은 수의 미국인들이, 실제 미국인뿐만 아니라 미국 국경 밖의 수백만 명의 삶의 질도 향상시킬 수 있는 해결책을 찾거나 그 해결책을 확실하게 실행하기 위해 다른 사람들과 협력하면서 만족감을 얻을 수 있다는 것을 깨닫게 될 수는 없는 것일까? 이런 방식으로 시민권의 문화가 소비주의 문화를 대체할 수는 없을까?

지배 문화에 대항한 초기 운동들

이 문제를 이해하려면, 미국에서 있었던 몇몇 운동의 등장과 쇠

퇴 과정을 돌아보는 것이 유용할 수 있다. 초창기 운동에서 주로 특권층 출신의 젊은 미국인들은 그들의 부모와 조상이 매우 중요하게 여겼던 문화와 가치에 저항했다. 1960년대와 70년대에 미국에서 일어났던 두 운동에는 소수의 부유한 젊은이들만이 참여했는데, 그들은 사회에 만연해 있는 소비주의 문화는 변화시키지 못한 채, 아니 더 강화시킨 채, 이내 사라져 버렸다.

반문화

그 하나는 1960년대에 대중화되었던 '반문화'Counterculture 운동으로 "환각제나 공동체 생활, 귀농, 동양 종교, 실험 예술과 같은 다양한 형태로 나타났으며 주류 문화의 가치와 행태에 대한 대안"으로 제시되었다.[5] 흔히 힙스터hipsters 혹은 히피hippies로 불렸으며 주로 중산층이나 상층 출신이었던 이들 젊은이들은 자본주의와 일, 소득 그리고 경력에 포획된 문화에 저항했다. 대신 일반적인 기준에서 보면 대체로 극단적인 쾌락주의와 방종에 가까운 생활 방식을 추구하려 했다. 반문화의 몇 가지 특징은 지배 문화에서 허용되었던 소비 형태와는 현저하게 대조되는 소비 형태에 몰두한 것으로 이해할 수 있다. 반문화의 지지자들이 욕망하는 소비재는 섹스나 마약, 레저, 그리고 때로는 코뮌이나, 샌프란시스코의 헤이트 애시베리Haight-Ashbury[미국 샌프란시스코의 한 지구로, 1960년대 히피와 마약 문화의 중심지_옮긴이]와 같은 지역사회에서 서로 비슷한 목표를 추구하는 사람들 사이에서 나타났던 유대감이었다.

　반문화에 열광한 많은 젊은 지지자들은 이미 두드러지기 시작한 시장 자본주의의 부정의에 저항하기보다는 그런 문제에 무관심했으며, 자신들의 집단 밖에 있는 사람들에 대해서도 관심을 갖지 않고 오로지 자기 자신의 쾌락만을 추구하려 했다. 이런 관점에서 보면, 반문화란 시장 자본주의(심지어 주요 시장 가운데 일부는 불법이었음에도 불구하고)가 제공하는 성취에 만족한, 이기주의적 소비자의 축소판epitome에 불과했다.

　여러 가지 이유로 반문화는 당장의 만족감의 추구란 완전하게 충족될 수 없으며, 때로는 자기 파괴적이기까지 하다는 것을 보여 주었다. 그리고 젊은이들 사이에서 반문화의 인기가 시들해짐에 따라, 시장 자본주의의 구조나 사회에 만연해 있는 소비자 문화, 미국 정치와 공공 정책의 수준, 광범위한 사회적·경제적·정치적 불평등의 지속이라는 문제를 전혀 변화시키지 못했다.

　하지만 반문화는 가장 높은 지위에서 지배 문화의 혜택을 받은 사람들이, 자신들이 절실하게 느끼는 필요와 욕구를 좀 더 완전하게 충족시킬 수 있다고 믿는 대안을 추구하는 과정에서 지배 문화를 거부할 수도 있다는 것을 보여 주었다.

평화적이고 혁명적인 변화

　여기서 내 의도에 훨씬 가까운 것은 미국 사회의 가장 특권화된 계층 출신의 젊은이들이 평화로운 혁명을 일으키고자 했던 또 다른 운동이었다. 그들의 관점에서 보면 평화로운 혁명이란, 미국인들 사이에 크게 확대되었고 정당화될 수도 없는 불평등을 만들어 내는 체제를, 훨씬 더 민주적이고 평등주의적인 정치적·경제적·사회적 결사체로 대체하는 것을 의미한다.

이 가운데 가장 두드러진 것은 "민주사회를 위한 학생연합" Students for a Democratic Society: SDS이라 불렸던 정치 운동이었다. 1962년 SDS가 발표한 "포트휴런선언"Port Huron Statement에 포함된 '한 세대를 위한 어젠다'The Agenda for a Generation는 좀 더 공평하고 민주적인 사회를 향한 평화로운 변화를 제안하는 문서로서 여전히 검토할 만한 가치가 있다.[6] 선언의 초안자들인 전 캘리포니아 주 상원 의원 톰 헤이든Tom Hayden과 개리 윌스Gary Wills, E. J. 디온E. J. Dionne 등은 이후 미국의 공공 분야와 학문 분야에서 두각을 나타냈다. 그들은 자신들이 빈민층이 아니라 특권층 출신이라는 사실을 서두에서 언급한다. 선언서는 다음과 같이 시작한다. "우리는 적어도 적당한 안락함 속에서 성장하고, 현재는 대학에 다니면서, 우리가 물려받은 세계를 불편하게 바라보는, 현 세대의 자식들입니다."

50여 쪽의 글에서 초안자들은 당시의 미국 사회와 정치에 대한 상세한 비판과 함께 미래에 대한 일련의 계획들을 제안한다. 그 제안에 담긴 정신에는 그들의 판단이 반영되어 있다. "고독과 소외, 그리고 고립감은 오늘날 인간과 인간 간의 광대한 거리감을 나타낸다. …… 우리는 하나의 사회 체계로서 개인의 참여에 기초를 둔 민주주의의 확립을 추구한다. …… 우리는 원격 조정되는 경제에 종속되어 있는바, 이런 경제는 일이나 보상, 그리고 기회에 대한 본질이나 조직에 영향을 미칠 수 있는 기본적인 결정으로부터 개인을 '단위'units로 하는 대중(사람들)을 배제시킨다."

현재 미국의 정치체제 및 경제체제와는 달리, 정치와 경제는 '참여 민주주의'의 형태로 지배되어야만 한다. 예를 들어, "경영상의 정책 결정 과정에 노동자를 참여시키지 않는 한, 정부의 '규제'만으로는 불충분할 수밖에 없다." 포트휴런선언은 '참여 민주주의'가 가져올 완전한 미래상을 보여 주지는 못했지만, 많은 추종자들은 참여 민주주의가 미국인의 삶에 나타나는 악덕들을 포괄적으로 해결해 줄 수 있을 것으로 생각했다. 그들은 대의제 민주주의에까지 널리 퍼진, 위계적인 권위에 기반한 정치체제가 구성원이 직접 통치하는 결사체로 광범위하게 대체될 것이라고 보았다. 즉, 코뮌이나 소비자협동조합, 노동자 소유-통제 기업, 학생들(그리고 화이트칼라와 블루칼라 노동자들)이 교사나 관료 등과 동등하게 참여하는 회의체의 통제를 받는 교육제도들을 말한다.

참여 민주주의라는 해결책은 권력이나 영향력, 권위를 갖는 지위의 사람들로부터 강력한 반대에 직면할 수밖에 없었다. 그뿐만 아니라 그것은 지금까지 설명해 왔던, 정치적 평등을 가로막는 상당히 견고한 수많은 장애물과도 충돌했다. 이들 장애물 가운데 특히 두 가지가 중요했다. 즉, 참여를 위해 필요한 시간이라는 비용과 모든 구성원이 참여하는 의회에 의해 직접적 통치가 이루어질 수 있는 현실 가능한 규모의 제도가 그것이었다. 변화의 동력인 참여 민주주의 내에 이런 문제가 부각되자 이 운동은 점진적으로 소멸될 수밖에 없었다.

소비주의에서 시민권으로?

반문화와 SDS의 주창자들, 그 외 다른 참여자들이 추구했던 혁명은 1960년대 실패로 끝났지만, 그들이 풍요롭고 부유한 시대에 등장했다는 사실은 좀 더 많은 미국인들이 자신들이 가진 인간 본성의 원초적 특징을 인식하는 것이 가능하다는 근거가 될수도 있다. 삶의 질이나 행복감, 충만감, 복지는 경제가 풍족하게 제공하는 재화와 용역의 소비를 늘린다고 해서 확대되는 것이 아니다. 많은 사람들은 "우리는 우리의 할아버지, 할머니보다 훨씬 더 부유하지만, 그렇다고 우리가 더 행복한 것일까?"라고 자문한다.

점점 더 많은 사람들이 행복하지 않다는 결론을 내리게 된다면, 그들은 다른 길을 탐색하게 될 수도 있다. 많은 사람들은 자신의 삶의 질이 시민적 행동을 통해 향상될 수 있음을 깨닫게 될수 있다. 시민운동가들은 민주주의의 기본적인 전제와 약속(정치적 평등)이 미국인들의 정치적·경제적·사회적 삶의 현실에 의해지속적으로 부정되고 있음을 (아직은 아닐지 몰라도) 곧 자각하게 될수도 있다.

시민운동가들이 사람들 사이의 정치적 불평등을 감소시킬 수있는 정책적 방법이 많다는 것을 발견하게 될 때, 그들은 그동안미국인들이 잊고 살았던 것을 미국인들의 정치적 삶에 돌려주게될 것이다. 그것은 정치적 불평등을 감소시킬 수 있는 정책을 확실하게 채택하도록 시간과 에너지를 집중할 수 있는 훨씬 더 강력한 대중운동을 복원하는 일이다.

모든 국가와 마찬가지로 미국에서 완전한 정치적 평등이란 미국 시민이 영원히 도달할 수 없는 것임은 분명한 사실이다. 윤리적 목적이나 목표라는 것이 우리의 노력이나 행동, 성취의 정도로 측정될 수 없듯이, 시민들 사이의 완전한 정치적 평등을 달성하는 것 역시 우리 인간 능력의 한계를 넘어서는 어떤 기준을 만드는 것이라 할 수 있다.

아직은 아니지만 점점 더 많은 사람들이 경쟁적 소비주의 문화에 내재한 공허함을 자각하는 동시에 적극적으로 참여하는 시민권의 문화가 가져오는 보상과 도전 의식의 가치를 깨닫게 될 때, 그들은 미국을 저 멀리 잘 잡히지 않는 목표에 훨씬 더 근접할 수 있도록 만들기 시작할 것이다.

미주

1장

1_특히 다음 저작들을 참조하라. Robert A. Dahl, *Democracy and Its Critics* (New Haven: Yale University Press, 1989), pp. 30-33, 83-134[『민주주의와 그 비판자들』, 조기제 옮김, 문학과지성사, 1999]; Robert A. Dahl, *On Democracy* (New Haven: Yale University Press, 1998), 4-7장, pp. 35-80[『민주주의』, 김왕식 외 옮김, 동명사, 1999]; Robert A. Dahl, *How Democratic Is the American Constitution?* (New Haven: Yale University Press, 2001), pp. 130-139[『미국 헌법과 민주주의』, 박상훈·박수형 옮김, 후마니타스, 2004].

2장

1_다른 글에서도 그랬지만, 여기에서 나는 다음의 논문으로부터 그 전거를 끌어다 쓰고 있다. Stanley I. Benn, "Egalitarianism and the Equal Consideration of Interests," J. R. Pennock and J. W. Chapman, *Equality* Nomos IX (New York: Atherton Press, 1967), pp. 61-78.

2_James Surowiecki, *The Wisdom of Crowds* (New York: Doubleday, 2004)[『대중의 지혜』, 홍대운·이창근 옮김, 랜덤하우스코리아, 2005, 9-11쪽의 저자 제임스 서로위키는 탁월한 과학자 프랜시스 골턴(Francis Galton)으로부터 자신의 설명을 시작한다. "골턴은 아주 소수의 사람만이 사회를 건강하게 유지하는 데 필요한 자질을 갖고 있다고 믿었기 때문에 훈육을 중요시했다. 대부분의 사람들은 그런 자질을 가지고 있지 않다는 것을 증명하기 위해, 그는 자신의 전 생애를 그런 자질을 측정하는 데 바쳤다. …… 골턴은 길을 걷다가 1884년의 만국박람회에 이르게 되었는데 …… 거기서 그는 중량 알아 맞추기 시합을 우연히 보게 되었다. 살찐 소 한 마리가 선택되었고, 사람들 앞에 모습을 나타냈다. 한 무리의 군중들이 내기를 걸기 위해 줄지어 섰다. …… 8백 명의 사람들이 자신들의 운을 시험하고자 했고, 각양각색의 예상치가 제시되었다." 시합이 끝나자 골턴은 중량에 대한 일련의 통계학적 조사를 했는데, 참가자들이 제시한 평

균 무게가 1,197파운드라는 것을 발견했다. 실제 무게는 1,198파운드였다. 나중에 골 턴은 다음과 같이 썼다. "그 결과는 민주적 판단의 신뢰성이 내가 기대했던 것보다 훨씬 믿을 만한 것임을 보여 주는 것 같았다"(xii-xiii). 이어지는 글에서 서로위키는, 적절한 기회가 주어질 경우 집단은 현명한 결정에 도달할 수 있다는 자신의 믿음을 옹호하기 위해 풍부한 증거를 제시하고 있다.

3_Max Weber, *The Theory of Social and Economic Organization*, A. M. Henderson and Talcott Parsons trans. (New York: Oxford University Press, 1947), pp. 328-329.

4_다음을 보라. Bernard Manin, *The Principles of Representative Government* (New York: Cambridge University Press, 1997)[『선거는 민주적인가』, 곽준혁 옮김, 후마니타스, 2004].

5_"일정한 수의 사람들이 하나의 공동체나 정부를 만드는 데 동의할 때, 그들은 곧 집단적 결속을 이루어 하나의 정체를 만들게 되는데, 거기서 다수는 나머지 사람들을 움직이고 결정을 내릴 권리를 갖는다." Peter Laslett ed., *Locke's Two Treatises of Civil Government* 2d ed (Cambridge: Cambridge University Press, 1970), p. 349[『통치론』, 강정인·문지영 옮김, 까치, 1996, 93쪽 참고]. 아마 어떤 비판적 분석도 케네스 애로(Kenneth J. Arrow)의 분석보다 더 큰 영향을 미치지는 못했을 것이다. 그는 *Social Choice and Individual Values* (New Haven: Yale University Press) p. 19 에서 다수결 투표가 가져오는 해결 불가능한 순환 논리의 가능성을 논증했다. 다수결 원칙의 방어에 대해선 다음 논문을 보라. Ian Shapiro, "Three Fallacies Concerning Minorities, Majorities, and Democratic Politics," *Democracy's Place* (Ithaca: Cornell University Press, 1996), pp. 16-52.

6_Rogers M. Smith, *Civic Ideals, Conflicting Visions of Citizenship in U.S. History* (New Haven: Yale University Press, 1997), pp. 16-52.

7_1790년 첫 인구센서스가 이루어졌을 당시 미국의 전체 인구는 390만 명이었다. 흑인은 75만7천 명이었으며, 그중에 69만8천 명이 노예였다. 북부 주의 전체 인구는 2백만 명에 미치지 못했지만 흑인은 6만7천 명이었고, 그중 4만 명이 노예였다. *Historical Statistics of the United States, Colonial Times to 1957* (Washington, D.C., 1960), pp. 12-13(Series A123-180), 9n.2(Series A59070).

8_제퍼슨의 정부이자 노예였던 샐리 헤밍스(Sally Hemings)와 그녀의 이복형제들에 의해 살아남은 그의 자녀들 중 몇몇은 빼고 말하는 것이다. 이들의 아버지가 누구인지에 대한 문제가 논란이 되고 있는데, 안네트 고든-리드(Annette Gordon-Reed)는 제퍼슨이 헤밍스 자녀들의 아버지라는 강력한 정황 증거를 제시하고 있다. *Thomas Jefferson and Sally Hemings, An American Controversy* (Charlottes-vill and London: University of Virginia Press, 1997)를 참조. 이에 대해서는 그녀의 "Summary of the Evidence," p. 210 이하 부분과 부록 B의 "The Memoirs of Madison Hemings," pp. 245 이하 부분을 참조할 것. 비록 결정적인 증거는 아니지만, DNA 검사도 추가적인 정황 증거로 제시되고 있다. Dinitia Smith and Nicholas Wade, "DNA Test Finds Evidence of Jefferson Child by Slave," *New York Times*, November 1, 1998.

9 _Henry Reeve, trans., vol. 1 (New York: Schocken Books, 1961), lxxxi[알렉시 드 토크빌,『미국의 민주주의 I, II』, 임효선·박지동 옮김, 한길사, 1997, 62-63쪽]

10_이 평가와 관련해선 애드리언 카라트니키(Adrian Karatnycky)의 다음 논문을 참고했다. "The 1999 Freedom House Survey : A Century of Progress," *Journal of Democracy* II, no. 1(January 2000), pp. 187-200; Robert A. Dahl, *Democracy and Its Critics* (New Haven: Yale University Press, 1989), p. 240, table 17.2; Tatu Vanhanen, *The Emergence of Democracy, A Comparative Study of 119 States, 1850-1879* (Helsinki: The Finnish Academy of Science and Letters, 1984), p. 120, table 22.

11_내가 여기서 제시한 주장과는 상이하지만, 완전히 양립 가능한 주장으로 마이클 왈저(Michael Walzer)의 "해방"(emancipation)과 "권한 부여"(empowerment) 모델에 대한 다음의 저서를 보라. *Politics and Passion, Toward a More Egalitarian Liberalism* (New Haven: Yale University Press, 2004), pp. 21-43.

12_James Scott, *Domination and the Arts of Resistance* (New Haven: Yale University Press, 1990), p. 117.

13_많은 식민지에서는 재산의 더 큰 축적 가능성 때문에, 재산 소유에 기반 한 보통선거권이 상당히 온건한 수준으로 적용되어 실제 투표할 수 있는 백인 남성의 비율이 높았다. 수치는 불확실하지만, 적어도 13개 식민지 주 가운데 10개 주에서 백인 남성의 50퍼센트 이상이 지방의회와 식민지 의회 선거에서 투표할 수 있었다. 그리고 7개 주(뉴햄프셔, 매사추세츠, 코네티컷, 뉴욕, 펜실베이니아, 사우스캐롤라이나, 조지아)에선 그 비율이 80퍼센트에 이르렀다. 이와 관련해서는 다음을 보라. Chilton Williamson, *American Suffrage from Property to Democracy, 1760-1860* (Princeton: Princeton University Press, 1960), pp. 3-19. 한 연구에 따르면, 영국의 의회 선거에서 투표할 수 있는 권리는 20세 이상 인구의 약 5퍼센트에 불과했다. 혹은 20세 이상 남성 인구의 10퍼센트를 차지했다. 1832년의 선거법 개혁으로 인해, 그 비율은 각각 7.1퍼센트와 14.2퍼센트로 늘어났다. Dolf Sternberger and Bernhard Vogel, *Die Wahl der Parlamente* vol. 1 (Berlin: Walter de Gruyter, 1969), p. 632, table 1.

3장

1_마이클 왈저는 *Politics and passion*, pp. 111-130에서 이런 관점을 강력하게 주장한다. 그는 다음과 같이 말한다. "일종의 이해관계가 있는 합리성이나 원칙에 의거한 합리성에 반하는 열정적인 강렬함, 그리고 열에 반하는 빛과 같은 이분법은 정치사상에선 아주 흔한 일이다. 이런 이분법은 아무 쓸모가 없을 뿐 아니라, 실제 경험에선 어떤 것과도 잘 부합하지 않는다고 쉽게 말해도 상관없다. …… 어떤 정당도 권력과 부의 기득권화된 위계 구조에 반하여 조직될 수 없다. 평등이나 민족의 독립, 그리고 해방과 권리 인정을 위한 어떤 운동도 위계 구조의 가장 낮은 위치에 있는 사람들을 참여시키는 투쟁적 열정을 불러일으키지 않는 한, 결코 성공할 수 없다. 그것을 불러일으키는 열정이란 시기나 분개, 분노를 포함하는 어떤 감정인데, 왜냐하면 이런 감정들은 위계적 지배가 가져오는 보편적 결과들이기 때문이다. …… 불공평에 대한 분노와 연대감이란 위계적 정치에 대한 반감이 불러일으키는 열정들 속에 내재해 있다"(p. 130).

2_David Hume, *Treatise of Human Nature(1739-40)* (Oxford: Oxford University Press, 2000), p. 415[『인간이란 무엇인가 : 오성, 정념, 도덕 본성론』, 김성숙 옮김, 동서문화사, 2009, 452쪽].

3_Translated and analyzed by H. J. Paton (New York: Harper Torchbooks, 1956), p. 66. 좀 더 많은 설명에 대해선 칸트의 *Groundwork of the Metaphyics of Morals*, p. 57[『도덕 형이상학을 위한 기초 놓기』, 이원봉 옮김, 책세상, 2002, 34쪽]을 참조.

4_나는 이런 주장이 인간 본성을 이해하는 데 있어 부족함이 많다고 생각하며, 칸트 스스로가 보편적 인간 감정을 상실하고 있는 것은 아닌지 의심이 된다.

5_John Rawls, *A Theory of Justice* (Cambridge: Harvard University Press, 1971) [『정의론』, 황경식 옮김, 이학사, 2003].

6_이와 관련한 수많은 뛰어난 학자들의 탁월한 연구에 대해서는 다음을 참조하라. Norman Daniels ed., *Reading Rawls, Critical Studies of a Theory of Justice* (New York: Basic Books, n.d.).

7_John Rawls, *A Theory of Justice* (Cambridge: Harvard University Press, 1971), p. 46[『정의론』, 황경식 옮김, 이학사, 2003, 87-88쪽].

8_Ibid., p. 11[같은 책, 46쪽].

9_Ibid., pp. 60-61[같은 책, 105-107쪽].

4장

1_좀 더 자세한 논의로는 *The Art of Political Leadership*, L. Berman ed. (Rowman and Littlefield, 2006)에 실린 나의 논문 "Reflections on Human Nature and Politics: From Genes to Political Institutions"를 참조.

2_Sarah F. Brosnan and Frans B. M. De Waal, *Nature 425* (18 September 2003), pp. 297-299.

3_Nicholas Wade, "Genetic Basis to Fairness, Study Hints," *New York Times*, September 18, 2003.

4_Antonio R. Damasio, *Descartes' Error : Emotion, Reason, and the Human Brain* (New York: Avon Books, 1994)[『데카르트의 오류 : 감정, 이성 그리고 인간의 뇌』, 김린 옮김, 중앙문화사, 1999].

5_Ibid., pp. 108-109.

6_Frans De Waal, *Good Natured, The Origins of Right and Wrong in Humans and Other Animals* (Cambridge, MA: Harvard University Press, 1996), 40ff.

7_Joseph Hamburger, *James Mill and the Art of Revolution* (New Haven: Yale University Press, 1963), pp. 23-24.

8_로버트 카로(Robert A. Caro)의 세밀한 설명인 *The Years of Lyndon Johnson, Master of the Senate* (New York: Alfred A. Knopf, 2002), pp. 685-1014를 참조. 그가 가졌던 인종에 대한 복합적 관점은 "The Compassion of Lyndon Johnson," Chapter 31, pp. 711-739에 기술되어 있다.

9_카로의 책은 1964년 선거에서 끝이 나기 때문에, 이후의 문제는 추측할 수밖에 없다.

10_Pankaj Mishra, "India : The Neglected Majority Wins!" *New York Review*, August 12, 2004, pp. 30-37.

11_"호모사피엔스사피엔스는 그 유전적 형질이 7백만 년 동안 진화했고 그럼으로써 우리와 공동의 조상을 갖는 침팬지, 보노보와 분리되었으며, 그 결과 도구를 갖춘 수렵 채집의 인간이 되는 데 성공했다. 인간은 사상과 싸움을 하면서 서로 협력했다. 그러나 이런 협력은 가까운 친족 집단 내에서 이루어졌다. 인간의 진화는 이방인에 대해서는 경계와 의심을 갖는 쪽으로 나타났다. 그러나 현대 인간은 일을 분담하고, 유전적으로 자신의 종족과 아무런 관련이 없는 이방인과의 노동 분업을 극단적으로 발전시키는 데까지 이르게 되었다. (꿀벌과 같은) 또 다른 종은 집단 개체 간에 복잡한 방식으로 일을 분담한다. 그러나 그런 작업은 가족 내에서 이루어진다. 그리 놀랄 만한 것은 아니지만, 완전히 다른 동물의 종들 사이에 이루어지는 일종의 협력 역시 매우 보편적이

다. 왜냐하면 완전히 다른 종의 구성원들은 일반적으로 먹이를 두고 서로 경쟁하지 않으며, 성적 상대를 두고는 더더욱 아니기 때문이다. 가족 밖에서, 그러나 동일한 종 내에서 협력을 발전시키는 것은 인간에 국한되는 현상이다." *The Economist* (August 14, 2004), p. 69.

5장

1_남부의 민주당 상원 동료들의 반대에도 불구하고, 1957년 민권법안을 통과시키기 위해 영향력을 행사했던 린든 존슨의 정치 기술에 대한 탁월한 분석에 대해서는 다음을 참조하라. Robert A. Caro, *The Master of the Senate* (New York: Alfred A. Knopf, 2002), pp. 944-989, 1004-1005. 훗날 대통령으로서 존슨은 1964년과 1965년의 민권법안의 통과를 위해 자신의 정치 기술을 활용했다.

2_가장 탁월한 저서로는 다음을 참조하라. Gaetano Mosca, *The Ruling Class* (Elementi di Scienza Politica), Arthur Livingston ed. and rev. (New York: McGraw-Hill, 1939); 그리고 C. Wright Mills, *The Power Elite* (New York: 1956)[『파워 엘리트』, 진덕규 옮김, 한길사, 1991]. 이에 대한 비판적 논평에 대해서는 나의 다음 논문을 보라. "A Critique of the Ruling Elite Model?" *American Political Science Review* 52, no. 2 (June 1958), pp. 462-469.

3_Mogens Herman Hansen, *The Athenian Democracy in the Age of Pericles* (Oxford: Blackwell, 1991), p. 130.

4_이런 해결책을 통해 뉴잉글랜드의 타운 회의가 버몬트에서 지속될 수 있었으며, 그곳에서 시민들은 비교적 높은 수준의 민주주의를 향유할 수 있었다. 다음을 참조하라. Frank M. Bryan, *Real Democracy, The New England Town Meeting and How It Works* (Chicago: University of Chicago Press, 2004).

5_이어지는 내용은 다음의 글에서 인용했다. *On Democracy*, 109ff[『민주주의』, 김왕식 외 옮김, 동명사, 1999], 그리고 "A Democratic Dilemma: System Effectiveness Versus Citizen Participation," *Political Science Quarterly* (1994), pp. 23-24.

6_내가 아는 한 '시장 자본주의'에 대한 최고의 이론은 1930년대까지는 발전하지 않았다. 영향력 있는 논문으로는 다음을 보라. Oscar Lange, "On the Economic Theory of Socialism," *On the Theory of Economic Socialism*, Benjamin E. Lippincott ed., (Minneapolis: 1938), pp. 90-98.

7_Charles E. Lindblom, *The Market System, What It Is, How It Works, and What to Make of It* (New Haven: Yale University Press, 2001)[『시장체제』, 한상석 옮김,

후마니타스, 2009].

8_다음의 내 저작을 보라. "Can International Organizations Be Democratic? A Skeptic's View," *Democracy's Edges*, Shapiro and Hacker-Gordon ed. (Cambridge University Press, 1999), pp. 19-36; 그리고 "Is Postnational Democracy Possible?" *Nation, Federalism, and Democracy : The EU, Italy, and the American Federal Experience*, Sergio Fabbrini ed. (Bologna: Editrice Compositori), pp. 35-46. 재출판된 것으로 "Is International Democracy Possible? A Critical View," *Democracy and Federalism in the European Union and the United States, Exploring Post-National Governance*, Sergio Fabbrini ed. (London: Routledge, 2005), pp. 194-204.

9_다음을 보라. Robert A. Dahl and Charles Lindblom, *Politics, Economics, and Welfare* (New York: Harper and Bros., 1953).

6장

1_마이클 카피지(Michael Coppedge)는 〈표 6.1〉을 위한 등급 점수를 만들어 주었는데, 그로 인해 그에게 큰 도움을 받았다. 이들 모든 국가가 대의제와 보통선거권을 갖고 있기 때문에, 이 기준은 중복되는 것으로 평가에서 제외했다.

2_등급의 점수를 산정하는 기준으로서 전체 범주에 대해서는 부록에서 찾아볼 수 있다.

3_미국에서 정치적 불평등을 조장하는 요인에 대한 간결한 요약은 다음을 참조하라. *American Political Science Association Task Force on Inequality and American Democracy, American Democracy in an Age of Rising Inequality* (American Political Science Association, 2004).

4_*The Economist* (January 1, 2005), pp. 22-24.

5_*New York Times* (May 22, 2005-June 12, 2005)의 "Class Matters" 10번째 시리즈를 보라.

6_Larry M. Bartels, "Economic Inequality and Political Representation," unpublished manuscript, 2005(http://www.princeton.edu/7Ebartels/economic.pdf).

7_E.g., May 27, 2005, A9.

8_*New York Times*, June 1, 2005, A12.

9_"Old Nantucker Warily Meets the New," *New York Times*, June 5, 2005, p. 16.

10_다음의 내 논문을 보라. "Myth of the Presidential Mandate," *Political Science*

Quarterly 105, no. 3 (Fall 1990), pp. 355-372; 그리고 Stanley Kelly, Jr. *Interpreting Elections* (Princeton: Princeton University Press, 1983).

11_William Safire, quoting Kennedy's aide and confidant Theodore Sorenson, *Safire's Political Dictionary* (New York: Random House, 1978), p. 398.

12_*Death by a Thousand Cuts : The Fight over Taxing Inherited Wealth* (Princeton: Princeton University Press, 2005)에서 마이클 J. 그레츠와 이안 샤피로(Michael J. Graetz and Ian Shapiro)는 "사망세" 폐지를 선호하는 조지 부시의 대통령 선거 지지 연합이 의회에서 충분한 세력을 획득하려는 민주당의 반대파와 여론을 제압하고자 어떻게 전략적으로 움직였는지를 세밀하게 재구성하고 있다.

7장

1_나는 이런 가능성에 대한 나의 의견에 자극과 영향을 준, 로버트 레인(Robert E. Lane)으로부터 큰 신세를 졌다. 직접적으로 관련된 것은 그의 다음 책이다. *The Loss of Happiness in Market Democracies* (New Haven: Yale University Press, 2000). 게다가 나는 수년 동안 행복이라는 주제와 관련해서 그의 광범위한 연구와 저작으로부터 많은 도움을 받았다. 그리고 동료이자 친구로서 그 주제에 대해 우리들 사이에 있었던 수많은 논의로부터도 많은 것을 얻을 수 있었다.

2_"New Name for 'War on Terror' Reflects Wider U.S. Campaign," *New York Times*, July 26, 2005, A7.

3_Sharon Begley, *Wall Street Journal* (August 23, 2004).

4_The Economist Intelligence Unit, "The World in 2005," http://www.economist.com.

5_*Merrian-Webster's Collegiate Dictionary*, 9th ed.

6_그들의 평화적인 변화에 대한 공약은 1969년 조직을 떠난, 폭력을 지지하는 분파인 웨더맨(Weathermen)[1969년 만들어진 미국의 급진적 좌파 학생 조직으로 국방부 등을 상대로 폭탄 테러를 시도하기도 했다_옮긴이]으로부터 거부되었다.

다두정^{Polyarchy} 점수도

점수	간략한 설명
1	선거가 의미를 가질 만큼 공정하게 치러지고, 정치조직의 활동과 의사 표현에 대한 완전한 자유가 존재하며, 언론에서 정부의 공식 견해가 크게 우대되지 않는다.
2	선거가 의미를 가질 만큼 공정하게 치러지고, 정치조직의 활동에 대한 완전한 자유가 존재하지만, 공개적 이견 표명은 일정 정도 억압되며, 언론에서 정부의 공식 견해가 우대된다.
3	선거가 의미를 가질 만큼 공정하게 치러지지만, 몇몇의 독립된 정치조직의 활동은 금지되며, 공개적 이견 표명은 일정 정도 억압되고, 언론에서 정부의 공식 견해가 우대된다.
4	선거가 부정행위와 강압에 의해 훼손되고, 몇몇의 독립된 정치조직의 활동은 금지되며, 공개적 이견 표명은 일정 정도 억압되고, 언론에서 정부의 공식 견해가 우대된다.
5	어떤 선거도 제대로 치러지지 않으며, 몇몇의 독립된 정치조직의 활동은 금지되며, 공개적 이견 표명은 일정 정도 억압되고, 언론에서 정부의 공식 견해가 우대된다.
6	어떤 선거도 제대로 치러지지 않으며, 오직 비정치적 조직만이 독립적으로 활동하는 것이 허용되며, 공개적 이견 표명은 일정 정도 억압되고, 언론에서 정부의 공식 견해가 우대된다.
7	어떤 선거도 제대로 치러지지 않으며, 오직 비정치적 조직만이 독립적으로 활동하는 것이 허용되며, 공개적 이견 표명은 일정 정도 억압되고, 정부의 공식 매체 이외에 대안 매체의 활동은 매우 제한된다.
8	어떤 선거도 제대로 치러지지 않으며, 모든 조직의 활동은 정부나 여당에 의해 금지되거나 통제되며, 모든 공개적 이견 표명이 억압되고, 정부의 공식 매체 이외에 대안 매체의 활동은 매우 제한된다.
9	어떤 선거도 제대로 치러지지 않으며, 모든 조직의 활동은 정부나 여당에 의해 금지되거나 통제되며, 공개적 이견 표명이 일정 정도 억압되고, 정부가 제공하는 정보 이외에 어떤 공적 대안 매체의 활동도 존재하지 않는다.
10	어떤 선거도 제대로 치러지지 않으며, 모든 조직의 활동은 정부나 여당에 의해 금지되거나 통제되며, 모든 공개적 이견 표명은 억압되고, 정부가 제공하는 정보 이외에 어떤 공적 대안 매체의 활동도 존재하지 않는다.

로버트 달의 생애와 사상을 집약한 책을 옮기며

1.

로버트 달은 1915년 미국 아이오와 주의 인우드^{Inwood}라는 작은 마을에서 태어났다. 이후 알래스카의 작은 마을에서 자란 달은 대학과 대학원 학비를 미리 마련하기 위해 열두 살 때부터 파트타임 부두 노동자 일을 했다. 불법 아동노동이었지만 체격이 커서 아무도 문제 삼지 않았던 어린 시절의 노동 경험에 대해 달은 "흔히 '보통 사람'이라고 불리는 이들에 대해 매우 깊고도 지속적인 경의를 느끼게 해주었다"고 말한다.

대학에 다니면서 공직자의 꿈을 갖게 된 달은 예일대학교에서 박사과정을 밟던 1937년 뉴딜의 핵심 부서라 할 수 있는 전미노동관계위원회^{National Labor Relations Board: NLRB}의 경제조사부에서 1년간 인턴으로 일하기도 했다. 거기에서 그는 훗날 부인이 될 여성을 만났고 유대인 진보파들과 다양한 경험을 나눴으며 노먼 토머스Norman Matton Thomas라는 평화적 사회주의자가 주도했던 사회당에도 가입했다.

그리고 박사 논문을 위해 다시 예일대학교로 돌아와 "사회주의 프로그램과 민주정치 사이의 양립 가능성"이라는 주제로 1940년 박사 학위를 받았다. 이 논문에서 그는 국유화를 중심으로 한 사회주의의 길에 비판적인 동시에 시장 사회주의에 친화적인 결론을 도출하기에 이른다. 그리고 다시 워싱턴으로 돌아가 농무부와 전시생산위원회War Production Board: WPB 등에서 3년간 일을 한다. 하지만 관료 생활의 단조로움에 만족하지 못하고 1944년 군에 자원입대해 그해 가을 유럽 전투에 배치된다. 결혼도 했고 아이도 있었기 때문에 달은 그때의 자신의 결정을 "바보 같고 무책임한 결정"이었다고 말한다.

제71보병 정보 수색 부대에 소속되어 위험한 전투에 참가하면서 그는 자신이 가장 하고 싶은 일은 "사상에 대해 읽고 쓰고 이야기하는 것"임을 깨닫고, "전쟁에서 살아남는다면 학자가 되어야겠다고 결심"한다. 그리고 1946년 예일대학교로 돌아와 그 뒤 60여 년간 연구와 학생들을 가르치는 일에 매진하면서 수많은 저서들을 집필한다. 1986년부터 예일대학교 정치학과의 최고의 명예를 상징하는 스털링 명예교수로 재직하고 있다.

1966~67년까지 미국 정치학회 회장을 지냈고, 1972년에는 국립학술원 회원으로 선임되었으며, 1995년에는 (스웨덴에 있는 "요한 쉬테Johan Skytte 재단"으로부터 약 7만 달러의 상금을 받는다는 이유로) 정치학계의 노벨상이라 불리는 "요한 쉬테 정치학상"을 수상

하기도 했다.

2.

로버트 달의 평생의 연구 주제는 민주주의였다. 그의 가장 대표적인 연구는 현대 민주주의에 대한 기념비적 문제 제기라 할 수 있는 『폴리아키』*Polyarchy*(1971)라 할 수 있다. 이 책을 통해 달은 현대에 실제로 실천되고 있는 민주주의를 개념화하는 방법과 관련해 큰 반향을 일으키게 된다. 달은 민주주의를 경험적으로는 결코 달성할 수 없는 이상*ideal*으로 간주했기 때문에, 실제 실천되고 경험되는 현대 민주주의를 개념화하고자 폴리아키라는 용어를 사용했다. 이를 통해 그는 민주주의란 절차적으로 정의되는 개념이자 '경쟁'과 '참여'를 핵심으로 한다는 점을 강조했다. 비록 폴리아키라는 용어가 대중화되어 민주주의라는 대중적인 용어를 대체하지는 못했지만, 달의 폴리아키론은 민주의의에 대한 수많은 비교정치학 문헌에서 끝없이 논의되고 있다.

달의 연구와 저서 가운데 가장 많은 논쟁을 불러일으킨 것은 1961년에 출간된 『누가 통치하는가?』*Who Governs?*였다. 이 책에서 그는 소규모 권력 엘리트가 민주정치를 지배하는 것으로 봤던 C. W. 밀즈*C. W. Mills*와 같은 "엘리트 이론가"의 연구에 방법론적으로나 경험적으로 도전하면서 자신의 이론과 권력 개념을 발전시켰다. 이후 다원주의적 민주주의론과 권력 개념을 둘러싼 논쟁이 격렬하게 전개되었으며, 이를 계기로 비판적 정치학은 크게 자

극을 받았고 한동안 달은 네오마르크스주의자들의 집중적 표적
이 되기도 했다.

그 후에도 달은 정치학의 실증적 기초를 다지는 데 주력했으
며, 엄격한 방법론과 분석적 표준을 세우는 노력을 계속했다. 정
량적 분석과 설문에 기초한 연구가 많아졌으며, 정치학 분석 방
법론에 대한 교과서 『현대 정치 분석』*Modern Political Analysis*(1963)도
썼다. 동시에 비교 연구의 기틀이 될 만한 연구를 시작했는데, 대
표적인 주제는 민주주의와 비민주주의 정치체제에서의 야당의
역할에 대한 것이었다. 그 결과 중요한 두 개의 저서인 『서구 민
주주의에서 야당』*Political Oppositions in Western Democracies*(1966)과 『체제와
야당』*Regimes and Oppositions*(1973)을 출간하게 된다.

1980년대 들어와 달은 초기의 다원주의적 입장을 일부 수정
하고 기업 권력의 영향력이 지나치게 커지고 불평등이 심화되는
것이 민주주의를 위협하는 문제에 대해 매우 비판적인 주장을
발전시키게 된다. 그래서 이때의 달은 흔히 '신다원주의자'로 분
류되곤 하는데, 그런 문제의식을 담은 세 권의 책 『다원민주주의
의 딜레마』*Dilemmas of Pluralist Democracy*(1982)[푸른산, 1992], 『경제민주주
의』*A Preface to Economic Democracy*(1985)[인간사랑, 1995], 『민주주의와 그
비판자들』*Democracy and Its Critics*(1989)[문학과지성사, 1999]은 대중적으
로도 널리 읽히게 된다. 나아가 그의 나이 86세에 출간한 『미국
헌법은 얼마나 민주적인가?』*How Democratic is the American Constitutions*(2001)
[『미국 헌법과 민주주의』, 후마니타스, 2004]에서 달은 미국 민주주의
에 대한 유보 없는 비판자로서의 면모를 보여 주기도 했다.

3.

이 책 『정치적 평등에 관하여』는 2006년 달이 91세에 출간한 그의 마지막 책이다. 이 책을 끝으로 달은 저술 활동을 마감하고 인터뷰와 독서로 말년을 보내고 있다.

이 마지막 책에서 달은 질문한다. 민주주의의 이상이라 할 정치적 평등은 이성적으로 합당한 목표이자 경험적으로도 현실적인 목표가 될 수 있는가? 만약 그렇다면 정치적 평등을 추동하는 힘은 무엇인가? 인간의 이성적 힘인가 아니면 감정과 열정의 힘인가? 반대로 정치적 평등의 실현을 제약하는 인간 본성과 인간 사회가 갖는 불가피한 한계들은 무엇인가? 그런 한계나 제약 요인들은 향후 우리의 노력으로 개선될 수 있는 것인가? 만약 그렇다면 우리가 억제해야 할 지배적인 가치 내지 행위 문화는 무엇이며 반대로 우리가 불러들이고자 노력을 집중해야 할 대안적 가치의 내용은 무엇이며, 그 방법은 어떤 것인가? 아마도 민주주의의 문제를 이처럼 근본적이고도 포괄적으로 검토하고자 하는 연구는 기존의 비교정치학 나아가 정치철학에서도 쉽게 발견하기 어려울 것이다. 그만큼 이 책은 평생 동안 민주주의의 경험적 사례를 연구해 왔던 로버트 달이 말년에 이르러 갖게 된 철학자적 면모를 여실히 보여 준다는 점에서 그 의미가 크다.

달이 이 책에서 제기한 질문들은 근본적이며 이상주의적 지향에 대한 것으로 보일지 몰라도, 이 질문들을 풀어 가는 그의 접근 방식은 매우 분석적이다. 달은 대학원 시절부터 자신의 정치학을 세우기 위해 늘 도전했던 대화의 상대를 가졌다고 한다. 플라톤과 루소, 토크빌, 마르크스가 그들이다. 이들 서로 다른 이론을 발전시켰던 대가들을 마음속의 논적으로 삼아 자신이 발전시킬 수 있는 이론의 외곽을 신중하게 규명해 왔기에 달의 논리 전개에서 비현실적 낭만주의라 볼 만한 요소는 잘 드러나지 않는다.

달은 교육받은 엘리트에 의해 수호되는 정치를 이상화했던 플라톤에 맞서 보통 사람의 참여에 기초를 둔 민주주의를 옹호하려 했다. 작은 규모의 정치 공동체에서나 실현될 수 있는 직접 민주주의의 이상을 추구했던 루소에 맞서서는 현대 대의제 민주주의를 정당화하려 했다. 또한 그는 현대 민주주의의 미래를 매우 비관적으로 묘사했던 토크빌의 『미국의 민주주의』 2권에 맞서 지난 2세기 동안의 역사에서 민주주의가 얼마나 엄청난 진보를 이루었는지를 강조하려 했다. 정치와 민주주의의 문제를 경제적 토대의 부수 현상으로 과도하게 단순화하면서 정치 없는 사회, 민주주의조차 필요 없는 사회를 주장했던 마르크스주의에 맞서서는 민주정치가 그 자체로 인간적 정서와 열정을 발휘할 만한 목표이자 이상이 될 수 있음을 보여 주려 했다. 그래서 달의 이 마지막 책은 대학원 시절부터 지금까지 유지해 왔던 이들 대가들과의 비판적 대화를 완결 짓는 느낌을 준다. 2002년에 있었던 한 인터뷰에서 달은 이렇게 말한 바 있다.

돌이켜 보면 나의 생각에 가장 영향을 줬던 작가들은 내가 동의하는 인물들이 아니었다. 하지만 그들은 훌륭한 정치적 상대 그 이상이었다. 그들은 거장이었고 그랬기 때문에 내가 평생에 걸쳐 씨름할 수 있는 도전 과제를 던져 줬다. …… 플라톤은 …… 나에게 엄청난 영향을 미쳤다. 좋은 삶에 대한 플라톤의 비전을 받아들여서가 아니라 플라톤의 비전에 이의를 제기하고 거부했기 때문이다. …… 대학원에서 내가 처음으로 부딪치고 나의 지적 발달에 있어서 플라톤과 비슷한 역할을 했던 또 다른 중요 인물은 루소였다. …… 나는 루소를 플라톤처럼 또 다른 적수로 생각했다. …… 어떻게 하면 큰 규모에서 민주주의를 실행할 수 있을까? 어떻게 하면 민주주의를 확장하면서도 여전히 소규모의 데모스에서 얻을 수 있는 대표의 질을 유지할 수 있을까? 평생 나를 매료시킨 문제였다. …… 대학원 시절 마르크스도 많이 연구했다. 마르크스는 1930년대와 40년대의 정치적·이데올로기적인 토양에서 영향력 있는 훌륭한 적수였으며 1950년대와 60년대까지도 그랬다. …… 나는 마르크스에게 빚진 것이 많지만, 단 한 번도 마르크스주의자였던 적은 없었다. …… 토크빌은 나의 지적 삶에서 흥미로운 역할을 했다. 나는 그와 멋진 관계인 동시에 다소 적대적인 관계에서 대화를 나눴다. …… 나는 아주 최근에서야 토크빌과 생각을 달리하게 됐다. 더 비관적이 된 『미국의 민주주의』 2권에서 토크빌은 민주주의가 기본적인 권리를 침해하는 열등한 독재로 기울어질 가능성이 매우 크다고 말한다. 나는 토크빌이 잘못된 예측을 했다고 생각한다. 민주주의 국가의 역사를 돌아본다면, 우리가 보는 것은 권리의 확장이지 권리의 축소라는 토크빌의 우울한 전망이 아니다. …… 민주주의 국가의 역사는 민주주의의 이상이 끝이 없음을 보여 준다.♣

♣ Gerado L. Munck and Richard Snyder, *Passion, Craft and Mothod in Comparative Politics* (The Johns Hopkins University Press, 2007), pp. 116-119.

4.

아마 이 책에서의 달의 주장이나 논리 모두를 받아들이지 않을 수도 있다. 이 책을 옮긴 역자 역시 인간적 충동이나 정서의 역할, 그리고 시민권의 문화에 크게 의존하는 달의 결론이 다소 애매한 것이 아닌가 하는 느낌을 갖고 있다. 하지만 달의 장점이자 최대의 매력은 늘 결론이나 주장이 아니라 생각하는 방법에 도움을 준다는 데 있다. 그는 문제를 최대한 객관화가 가능하고 비교할 수 있으며 입증할 수 있는 방식으로 분해하려는 노력을 멈춘 적이 없다. 정치학 책 가운데 달의 책만큼이나 분석적 전제나 가정이 많은 책을 보기 어렵다. 나이 90세가 넘어서 낸 이 책에서도 그의 이런 노력은 계속되고 있다.

그러나 역시 이 책이 갖는 최고의 미덕은 정치학자 달이 보여 주고 있는 지적 호기심과 열정이 아닐까 생각한다. 달은 늘 새로운 대답을 찾고 있으며 다른 사람의 발견이나 연구를 즐거이 인용하고 평가해 주면서 그 때문에 자신이 알게 된 것을 이야기한다. 정치학 공부에서 가장 중요한 것이 무엇이냐는 질문에 달은 "호기심을 잃지 않는 것"이라고 말한다. 알고자 하는 호기심을 갖고 기꺼이 다른 사람을 통해 배우려는 자세는 그 자체 민주적인 자세라 할 수 있다. 그는 또한 정치학을 공부하는 학생들에게 늘 대학에 있지 않은 사람들과 교류할 것을 권유한다.

내가 민주주의를 확고하게 믿는 이유 가운데 하나는 내가 인생 초기에 보통 사람들과 교류할 수 있는 기회를 가졌고 그들에게 기회가 주어진다면 그들은 충분히 현명할 수 있다는 점을 깨달았기 때문이다. 보통 사람들을 만나게 되면 나는 항상 에너지를 얻는다.

그래서 그의 민주주의론은 늘 특별한 인간에 기초를 둔 것이 아닌 보통의 평범한 인간의 실제 모습과 크게 괴리되지 않는 것이다. 그리고 이 점이 달의 책이 갖는 최고의 매력이 아닐까 싶다.

5.

옮긴이의 첫 번역작인 이 책이 출판되기까지 많은 분들의 도움을 받았다. 먼저 미숙한 번역 원고를 꼼꼼히 읽고 자연스런 한국어 문장으로 교정해 주는 수고를 아끼지 않음으로써 수많은 오류와 오역을 잡아 준 박상훈 선배에게 특별한 감사의 말씀을 전하고 싶다. 그는 무능한 번역자를 추천한 책임으로 큰 짐을 스스로 맡아 주었으며, 로버트 달에 대한 자세한 소개 글을 쓰는 데도 많은 도움을 주었다. 또한 이 자리를 빌어 늘 정치학자로서뿐만 아니라 학문의 스승으로서 사표가 되어 주시는 최장집 교수님과 역자의 지도 교수로서 격려를 아끼지 않으시는 손호철 교수님께도 감사를 드린다. 이 책이 나오기까지는 후마니타스 식구들의 힘이 컸다. 이 자리를 통해 늘 갖고 있는 고마움을 전한다. 특히 부족한 번역 원고를 훌륭한 한 권의 책으로 만들어 준 안중철 편집장에게 특별히 고마움을 전하고 싶다.

짧고 간결한 책임에도 불구하고, 평생을 민주주의 문제에 천

착해 온 노학자 로버트 달의 근본적인 철학적 물음들을 담은 이
책의 번역은 역자에게는 하나의 도전이었다. 역자의 실수로 백
수白壽를 바라보는 정치학 거장의 마지막 작품에 누가 되지 않기
만을 바란다.

2010년 7월

김순영